# 谎言心理学

# A BOOK OF UNTRUTHS

[英] 米兰达·道尔 ╳ 著　　赵泽宇 ╳ 译

四川文艺出版社

**图书在版编目（CIP）数据**

谎言心理学 / (英) 米兰达·道尔著；赵泽宇译.
-- 成都：四川文艺出版社，2019.10
ISBN 978-7-5411-5505-5

Ⅰ．①谎… Ⅱ．①米… ②赵… Ⅲ．①谎言—心理学
分析 Ⅳ．① C912.69

中国版本图书馆 CIP 数据核字 (2019) 第 200123 号
著作权合同登记号 图进字：21-2019-424

HUANGYAN XINLIXUE
# 谎言心理学
[英] 米兰达·道尔 著
赵泽宇 译

| | |
|---|---|
| 出 品 人 | 刘运东 |
| 特约策划 | 赵璧君 |
| 特约监制 | 刘思懿 |
| 责任编辑 | 陈雪媛 |
| 特约编辑 | 赵璧君　申惠妍 |
| 责任校对 | 汪 平 |
| 封面设计 | 易珂琳 |

出版发行　四川文艺出版社（成都市槐树街2号）
网　　址　www.scwys.com
电　　话　028-86259287（发行部）　028-86259303（编辑部）
传　　真　028-86259306

邮购地址　成都市槐树街2号四川文艺出版社邮购部　610031
印　　刷　三河市海新印务有限公司
成品尺寸　145mm×210mm　　　开　本　32开
印　　张　8　　　　　　　　　字　数　215千字
版　　次　2019年10月第一版　　印　次　2019年10月第一次印刷
书　　号　ISBN 978-7-5411-5505-5
定　　价　39.80元

# 目　录
## CONTENTS

谨以此书纪念母亲莱琳·海伦和父亲约翰·弗朗西斯。
你们一直那么爱我，情感又那么复杂，
文字恐怕也无法将之完美表达。

谈论往事，鼻息之间，尽是谎言。

——威廉·麦克斯韦尔

《再见，明天见》

# 谎言 1：

## 不是我做的

人为什么要说谎？这个问题看似简单却很难回答。通常情况下，人一旦在谈话中起了欺骗的念头，就会开始说谎，但之后为了藏好狐狸尾巴，就不得不再编另一个谎言去圆这个谎言。这样一来，谎言就会层层交织，以至于到最后说谎者自己也讲不清最初是为了什么而说谎。所以本书为了拨开谎言的迷雾，就先从一个最直白的谎言入手，一个关于疏忽的谎言。也借这个谎言来介绍一下故事的主人公——我的六口之家。

记得当时天色已经很晚了，20 世纪 70 年代的厨房里，四个孩子站在铺了崭新地毡的地板上，双手紧握着背在屁股后面。

这是上周刚换的地毡，地毡的图案是妈妈精心挑选的，木质颜色的方格，一朵朵橘黄色的花有序地铺排在地毡上。空气中刺鼻的烟雾和石蜡的味道，提醒着我们这块新地毡已经被烧焦了一块。那块焦痕甚是扎眼，让地毡变得丑陋不堪。

爸爸在我们四个面前来回踱步。十几岁的埃德里安是我们之中最大的，他的亲生母亲去世了。他长着一头金发，瘦削，有雀斑，脾气像石头一样硬。肖恩是养子，黑头发、黑眼睛，十二岁的他在老师眼里是"热情"且"精力充沛"的孩子，但我们认识的每一位母亲都说"完全管不了"他。站在肖恩旁边的是我，不太合群的小姑娘。六岁的我，满头红发，牙齿歪歪扭扭的，困的时候一只眼睛会缓慢转动。最后一个是脸蛋圆圆、嘴巴红红的艾德，他应该只有四岁，和帕丁顿熊一样，他用汤匙舀着橘子果酱吃，肚子又白又鼓。

"谁干的?"爸爸厉声责问道。

我们的爸爸在爱丁堡赫瑞瓦特大学教数学,目前还是讲师。他一直与贫困和别人对他的偏见做着斗争,虽然近况有所改观,但还没到高枕无忧的地步。前妻死于败血症,家里有四个孩子要拉扯,虽然现在续了弦,可爸爸白天的时间明显不够用,只好利用晚上的时间加班加点,给开放大学批阅无尽的试卷,准备自己博士毕业的事情……而现在,他不得不停下手里的活儿,来处理我们这一摊子事儿。

我本想往后缩缩,避免触爸爸的霉头,却被身后的餐桌挡住了,餐桌下面铺着一块耐磨的棕色地毯。我们一家每天都要在这张桌子上吃两餐,那时就不得不和爸爸近距离接触。一看到他那闷闷不乐的脸就让我想起啤酒厂狂吠不止的看门狗,它们试图挣脱脖子上的铁链,龇着牙,一脸怒不可遏的样子。

我有些记不清那天在爸爸插手教训我们之前,妈妈是否已经因为烧焦的地毡而大发脾气。但我知道,他的到来让大家产生了恐慌感。没人回答爸爸的质问,安静的空气中恐惧感悄然累积,越来越大的压迫感让我无法思考。

我通常会在爸爸晚上进家门的时候察言观色,甚至还能估算出他在大厅沉默安坐的时长。我知道洛锡安的街道很堵,也知道数学系领导的喜怒无常,更知道要在外面的高街[1]上停车有多么困难。

有时,我会在临近下午六点钟的时候,透过紧闭的窗户去看港湾那里的十五个车位还有剩余的没,我多么希望爸爸回来时有地方停车啊。可地毡被烧焦远比停车位不够、工作不顺要严重得多。我的脑子像烧开了锅一样,痛不欲生,仿佛下了地狱。

"谁干的?"

答案不是显而易见嘛。但令我难以置信的是,到了现在依旧没人吭声。爸爸又问道:"谁干的?"

---

1　原文为"high street"。这个词起源于英国伦敦,指一个城市的主要商业街,街道两旁都是服装零售商店。

在我早期的记忆中，妈妈仿佛卡通片中的形象：背对着我们，在不同的白色家电中穿梭操劳。她和家里的另一个大人——我爸爸，同穿一条裤子，用一个鼻孔出气。爸爸现在非常吓人，吼叫声整条街估计都能听见。我闭口不言是因为两个哥哥要求我效忠他们，所以大家都默不作声。厨房湿气很大，每扇窗户上都凝结着水珠，灶台上的一个锅里煮着卷心菜，另一个煎着土豆。卷心菜和咸牛肉难闻的味道混合着浓郁的煤油味和烧焦的恶臭，令人作呕。

"谁干的？"

我们都清楚爸爸知道是哪个兔崽子干的。地上的小型蒸汽机是上周刚买来的，本来是送给艾德的礼物，但因为不适合他，肖恩又对这个蒸汽机眼馋得不得了，就让肖恩拿去玩了。可现在它成了弄坏地毡的罪魁祸首，肯定是留不住了。

事实上，肖恩这次也不是有意搞破坏，把地毡烧焦完全是无心之过，所以他一直在犹豫要不要承认。

大家依旧一声不吭。

直到艾德打破了沉默。他大声哭了出来，但同时也让我们站在了道德的高地上——他是唯一一个屈服于恐惧的，而我们则庆幸守住了自己的立场没有背叛肖恩。

但这种优越感并没有维持多久，艾德的哭声震得我耳膜发疼，让我整个人处在了更大的焦虑之中，比生了病还难受。依照过往的经验，他这么哇哇大哭，反而会雪上加霜，加剧事态的严重性。爸爸可能会因此彻底失去耐心，不再想揪出真凶，干脆把我们统统胖揍一顿了事。

但谢天谢地，这次爸爸没有这样做，而是提溜着肖恩的耳朵把他拎到了厨房外面。爸爸没拿教师专用惩戒带来抽他，而是在大厅里，卸下裤子上的皮带狠狠教训了他一番。我觉着这都要怪艾德的软弱不扛事。

# 谎言 2：

## 我正在说谎

既然这本书是关于说谎的，那我们先来讲几个事实。

我们每个人都会说谎。当然，政客是最深谙此道的，比如水门事件、克林顿的性丑闻，以及布莱尔在面对揭露伊拉克战争前夕真实情况的证据时，表现出的模棱两可的态度；报纸的头版头条也充斥着成套的欺诈；我们都有过被银行涮了的经历，甚至集体性被骗；还有"希尔斯堡惨案"[1]发生后警方自我洗白的谎言。

与此同时，警方每天也要面对成千上万的谎言。"清白计划"的一项研究表明，超过 25% 被错判的人都在供词中说了谎。人们想要通过说谎避免牢狱之灾，也想要通过说谎结束关于自己有罪的审讯，但这些谎言也会使执法者做出他们有罪的推定。谎言带不来真相，只能招致更多的谎言。

研究发现，大脑越大，说谎的频率就越高，所以狐猴没有黑猩猩狡诈，物种中说谎最多的是人类。据"谎言侦探"估计，在遇到陌生人时，平均每个人几分钟内就会说谎三次，一天说谎十次到两百次不等。女人说谎大多为了取悦与自己说话的人，而男人说谎则大多为了拔高自己。

---

1　1989 年 4 月 15 日，英国谢菲尔德市希尔斯堡体育场举行的利物浦队对阵诺丁汉森林队的足总杯半决赛开场后，由于组织混乱，场外大量留滞的球迷在不当的引导下一齐拥入看台，造成严重踩踏事件，九十六人丧生，数百人受伤。惨案发生后，警方向媒体宣称利物浦队支持者酗酒后的足球流氓行为从根本上造成了此次事故。而 1990 年的泰勒报告则指出，惨案发生的主要原因是南约克郡警方管控不力。

当我们说谎的时候，不论是无伤大雅的小玩笑还是弥天大谎，在核磁共振的扫描下，大脑的前额叶皮质区都是相当活跃的。

前额叶皮质区与普京的联邦安全局有类似之处，二者都与冲突、错误检测、危险决策和执行控制密切相关。同时，它还有一项能力，就像安全局里掌管记录和档案的最高领导一样，能够检索那些我们希望忘记，甚至早已忘记的遥远记忆。

为什么前额叶皮质区能成为欺骗的策源地，而不是更为常规的大脑区域？因为说一个谎所付出的努力是诚实的两倍。我们要先看看需要隐藏的是什么，评估一下其重要性，再编造一个谎言，说的时候要表现得真实可信，最后，还不能把这个谎给忘了。

南加州大学的研究表明：习惯说谎的人大脑结构会出现异常。病态说谎者的前额叶"白质"要远多于"灰质"。

灰质是思想。

白质是细胞间的交流工具，或是思想间的接线。白质越多，说谎者所具有的自然优势就越大。习惯性说谎是思想——灰质所抵抗的行为。或者说，我们说谎时所感到的担心、内疚和后悔就是大脑在抵抗。研究人员将这些情感体验称为"认知负荷"，它是加在大脑管控自身的能力上的压力。

心理学家保罗·艾克曼是研究情感与面部表情关系的先驱，他认为这种认知负荷导致身体出现"破绽"。破绽多出现在手部和脚部，它们做出的动作会出卖说谎者，当然，面部也会有紧张的表现。张伯伦曾说："当希特勒承诺不入侵捷克斯洛伐克时，我感觉他的承诺是值得信赖的，他这个人也是可信的。"但直到几十年后我们才知道，精神病患者在说谎时是不会露出破绽的。

他们在说谎这件事上可谓独领风骚。2009 年的一项研究发现，精神病人获得假释的机会是他们那些正常狱友的 2.5 倍。可能有人会说，这和会说谎的关系不大，倒是和自信密切相关。但对于没有精神病的我们来说，认知负荷会使我们变得紧张局促，从而露出破绽，被人识破。

圣母大学的研究人员邀请了一百一十人连续十周每周都来做测谎试验，要求他们报告自己这周说了多少谎。这项研究结束时，所有被试者的说谎次数都减少了，同时，人际关系和睡眠质量也有了提升，头痛和嗓子疼也缓解了。

也许大家已经注意到了，爱说谎的人话很多，他们惯于将谎言藏在叙述当中。有时他们会用第三人称，从"我"换到"她"或"他"，把自己从欺骗中撇干净。这类人也很喜欢发誓。一般情况下，编造谎言会花费不少精力，那么说话过程中的其他部分就会失控，可能会出现语无伦次、重复讲述、产生攻击情绪以及指指点点的情况。说谎的人也更容易察觉到别人在说谎，他们在看破谎言上简直有一双火眼金睛。

这对于我们大多数人来说，是很难做到的。总的来说，我们都是易受骗的，我们倾向于把人往好的一面想。从统计数据来看，我们看穿谎言的概率也低得可怜，仅仅是"有可能"而已。科学家把这称为"取真偏好"。当我们被自己信任的人欺骗后，这种"取真偏好"会放大我们感受到的背叛感。所以，说谎者要付出的代价也是高昂的。我们或许认为托尼·布莱尔运气不错，先是逃脱了谋杀的罪名，后又因为拒不承认民众的意愿为自己赢得了短期好处，但他的固执己见也将他置于尴尬的境地。鲍里斯·约翰逊因此称他为"史诗级的傲慢蠢货"[1]。尽管对于布莱尔的执政能力褒贬不一，但他的谎言着实让我们心寒不已，这是不争的事实。

当然这本书里的生活也会存在争议。

不过我也不会专门欺骗大家。我愿尽可能真实地与大家分享我的故事。但你们也要小心，我可是也会说谎的呢。哲学家有一个"说谎者悖论"的概念："我正在说谎"这一说法是无法判断真伪的。

---

1 鲍里斯之所以如此形容布莱尔，是因为后者称英国不应该对其欧盟成员国身份举行公投。鲍里斯说："他怎么可以不让英国人民在此事上发声？！实际上，英国人民非常有智慧，他们会自己做决定。我相信他们会得出正确的答案。"

而这一逻辑在两千三百年后的今天仍然无法破解；"我正在讲述事实"这一说法也一样面临无法破解的困境。但在本书中，我保证我真的会讲真话。

# 谎言 3：

## 是溃疡

埃德里安的生母帕特过世后，爸爸把家里关于她的所有物品都清理掉了，并给房子找了新的女主人——我的妈妈。

埃德里安是我最大的哥哥，他有着一头金发、一双碧蓝的眼睛，当然也有一些小瑕疵，就是鼻子上有一些雀斑。不过在他母亲帕特眼里，埃德里安是完美无缺的，谁也比不上他。帕特将他视如珍宝，除了她的宝贝儿子之外，她不会再对谁如此记挂。1965年4月30日，帕特在罗切斯特的圣巴塞洛缪医院去世了。那时她二十九岁。

我明白"溃疡"的意思，我确信妈妈也明白。我们患过很多次溃疡，每次都要去看"私人医生"。直到爸爸去世，溃疡这个比喻才被我们挑明，女人们为了掩人耳目，在八卦时会把意外怀孕说成是溃疡。直到写这本书时，我才意识到这个谎可能是帕特编造的，而不是爸爸。爸爸每次提到帕特的溃疡都会说，她坚持要拿掉"它"，要自己去安排手术。

帕特的照片不多，家里尚存的只有几张，照片里的她犹如病西施，纤细瘦弱，面色苍白，她经常咬着嘴唇，好像处在焦虑之中。尽管结婚照里她穿着漂亮的婚纱，但她的存在感很弱，我的注意力都被站在旁边的帅气爸爸吸引过去了。他们结婚时，爸爸送给帕特一条珍珠项链。我的祖母跟爸爸说那条项链很难看。帕特过世后，爸爸不知是出于愧疚还是伤心，将那条珍珠项链藏在了床底下。

一直以来，我们对帕特的死三缄其口，因为我们深知对于埃德里安来说他失去了自己的亲生母亲。唯一一次提起她是在爸爸脱离天主教时，他说："她不是被溃疡夺走生命的，而是被愚信杀死的。神父不论说什么，她都信。"

1960年5月，埃德里安在难产中出生了。助产士说，如果帕特再孕恐怕会有生命危险。这个预诊后来成了一个诅咒。帕特无比虔诚地信任天主教，在向神父告解时，她和盘托出了那个致命的妥协：不再要孩子。

而神父却并未提起避孕，并且一本正经地说道："上帝比医生要内行，生死大权在上帝手里掌控着。"如果得不到神父的祝福，她是不可能与爸爸行房的。天主教的教义让爸爸陷入两难的困境，妻子的性命和孩子的性命相互博弈着，而他连选择权都没有。

不过对于有创造力的人来说，总会有解决办法。对于这种困境，教会的伦理学家创造出了一种类似"出狱自由卡"的东西，称其为"双重效应"。"双重效应"规定，只要初衷是好的（挽救帕特的性命），它默许违背教义的非故意不良行为（比如使用避孕套）。为了抵消预防性措施所产生的罪恶，爸爸决定领养孩子。领养是对天主教多生孩子这一棘手信条的巧妙应对。这样既能保住帕特的性命，又多了孩子。

于是1963年的时候，他们领养了一个小男孩：肖恩。

不久之后帕特的胃里长了个溃疡。是爸爸糟糕的脾气让她罹患了此病吗？还是肖恩这个过分淘气的养子给了她气受，致使她生了病？其实这仅仅是一次意外怀孕引起的事故：帕特害怕丢了性命，最终还是下决心要切掉这个"溃疡"。

在埃德里安五岁、肖恩两岁时，帕特为自己安排了一次私人手术，可她再也没回来。下了手术台没几天，帕特就死于败血症。直到爸爸去世时，他才承认自己为支付了那场手术的费用而感到深深的懊悔。

为了不让埃德里安睹物思人，任何带有帕特属性的东西比如照片，就像那条奢华的三圈式珍珠项链一样，很快都被悄悄放进了鞋盒子里藏了起来。

但即使这样，帕特也依旧活在大家心中，永远不可能被忘怀。

# 谎言 4：

# 你抢先了

肖恩是被领养的这件事从来没被隐瞒过，我们也每天提醒着他养子这个身份。他是我们家的布谷鸟，鸠占鹊巢。

1963 年，肖恩从天主教孤儿院被领养。20 世纪 60 年代对领养资格的审核还不太严，我的爸爸——约翰·弗朗西斯，简直就是领养者的不二人选。他和帕特去参加了天主教的弥撒，完成了领养仪式。

肖恩经常跟我念叨他的一个愿望，那就是他非常希望爸爸去领养他时，他是醒着的，扭动着小小的身体发出声响，证明自己是上帝的赐福。可那个夏日的清晨，爸爸发现他时他睡得正香甜。关于这一点，肖恩如今依旧很是遗憾。

修女带着爸爸在孤儿院参观，一个个房间排得很紧——其实不算是房间，而是四周做成笼子状的床。里面无比嘈杂，置身其中仿佛到了伦敦巴特西的猫狗之家。与周遭环境不同的是，一个漂亮的黑发男婴肚皮朝天地躺在床正中睡得香甜，两个小拳头紧挨着脸颊。多年之后，爸爸告诉我，其实当时修女将肖恩的情况毫无保留地告诉了他：肖恩经常生病，非常爱折腾，还有"肖恩"这个名字是进孤儿院前就有的。

肖恩的奶奶是法国人，她送给肖恩一只淡蓝色的毛绒熊，那天就放在肖恩的婴儿床里陪着他。或许肖恩到现在也还留着这只熊。

领养孩子很可能只是爸爸单方面做出的决定。因为每当说起那天的情形和那个熟睡的婴儿时，他从未提到过他的前妻。

肖恩和我说，爸爸每次揍他前都会这样讲："要是你再这样，你就给我滚回孤儿院。"或者是"埃德里安的妈妈可从未想过要你。"再或者"我领养你为的只是埃德里安不被宠坏。"

我们觉得肖恩自己的母亲，生物学上的母亲，会是我们小孩子幻想中的完美母亲。我梦寐以求一个那样的母亲，肖恩应该也是这样想的。

20 世纪 80 年代，我们终于找到了肖恩的生母。南部天主教救援队曾经是她的救援者，借助救援队，肖恩得以和他的生母团聚。

肖恩的生母名叫玛利亚，是福克斯通人，生肖恩时还很年轻。肖恩的父亲名叫埃斯，是一位在英国求学的穆斯林，当时他二十一岁，学成返回了伊朗，之后杳无音信。

肖恩有一个棕色的大信封，里面七七八八装了很多零碎的东西，包括身份证明、一份缺少教父母信息的受洗证明，还有一份铅笔写的可能是他生母玛利亚的候选名单，上面罗列了好几个玛利亚，有在索森德的、纽卡斯尔的、东格拉摩根的、曼彻斯特的，还有来自克鲁的。

社工给肖恩写了一封很长的信，详尽地告诉他如何寻找生母，并建议他尽量用"寻找家庭"而不要用"妈妈"这样的词，因为之前发生过认错的情况。社工还觉得应该拜访一下神父，因为他在辨认"玛利亚"[1]上有着得天独厚的优势。

母子相认之后，玛利亚给肖恩写了封信，信中说她"非常想联系"肖恩，但被肖恩"抢了先"。肖恩后来给玛利亚打过电话，但她回信说自己"不能老接电话"，因为怕被别人听到，"我们要小心谨慎一些，不能把就要修复的母子情给再毁了。"

"就要"隐含的意思是尚未，也就是将来。不过对玛利亚来说

---

1　这里指的是圣母玛利亚（耶稣的母亲）。

可能根本没有什么母子情。肖恩去过她家，活生生地站在她的面前，而她根本没有勇气认回肖恩，他同母异父的兄弟姐妹也完全不知道有他这么个亲人。

# 谎言 5：

## 我是第三个

我妈妈总是提起在生我之前怀的那个孩子。在第三十四周的时候，那孩子不幸在子宫内早夭。直到我怀孕时，妈妈才告诉我她当时都没能看上这个孩子一眼，连是男孩还是女孩都不知道。她的第一个孩子就这样被助产士草草地裹在一个塑料包里，送进了医院的焚化炉里。

这个未曾谋面的孩子给妈妈带去了无尽的悲痛，连我的出生也被这种悲伤的氛围笼罩。对她来说，孩子也代表着生活给予我们的一种报复性平衡。万事皆有因果，种什么因，得什么果。你选择了一种生活，就意味着失去另一种生活。父亲去世后，妈妈才和我说，她的第一个孩子其实也不是早夭于子宫的那个，而是更早的一个，她当时完全没想到过会有这个孩子。

妈妈与爸爸相识的时候，爸爸鳏居还不到一年。那时爸爸三十多岁，身高一米八还多，是个魅力十足的男人。如果爸爸不是爱尔兰血统，也没有两个年纪不大的拖油瓶，那他完全是年轻女人眼里的香饽饽，想要追他的人能排好长的队。在帕特过世的最初几个月里，爸爸的单亲妈妈——我的祖母，经常会来帮着照看两个孩子。她的紧身内衣总是散发出一股怪味，里面有卷心菜和香烟的味道，还混杂着老奶奶身上常有的那种酵母味，要多难闻有多难闻。

爸爸和妈妈是在一次领土军队[1]的活动上相遇的。当时妈妈受邀出席，同时又带了几个在秘书学院里结交的朋友扩充人数，这种活动上女士总是受欢迎的。妈妈和她们之前是舍友，都喜欢披头士，夏天的时候甚至一起追着断头台乐队去了爱丁堡边缘艺术节。在20世纪60年代的时候，爱丁堡的上流圈子相当热衷于追赶潮流。

妈妈是家里唯一的女儿，外祖父信新教，在蒂利库特里镇拥有一座毛纺厂。他们一得知妈妈和爸爸的恋情，就想办法把妈妈支到了伦敦，并给她在英国医学协会中谋了一份职，希望这段感情能无疾而终。

不过他们的计划落空了。爸爸非常执着，热情不减，不断献殷勤。毕竟他的两个孩子还小，需要有个妈妈，他自己也需要有个人来照顾饮食起居。每周五他都会坐六个半小时的火车从威弗利到国王十字站，买一把芬芳馥郁的鲜花在妈妈切尔西的办公室外等她。

爸爸和我们说，有次周末他过去后发现妈妈那里正在开派对。他除了牙刷外还带了一瓶珍藏的杜松子酒。爸爸把酒藏在烤箱里想与妈妈独享，但妈妈的一个舍友去热乳蛋馅饼时，发现了这瓶杜松子酒。有了酒，大家都起了劲，聚会不久就达到了高潮。

爸爸坚持不懈地去看妈妈，某次探望之后，妈妈怀孕了。

在哈利街的一家私人门诊，妈妈做了堕胎手术。又是爸爸付的钱。

那时流产手术还是非法的，但妈妈别无他法，只能这么做，奉子成婚在帕斯郡还不能被世俗接受。关键是如果妈妈被发现未婚先孕的话，就印证了妈妈的父母的偏见——这个爱尔兰的天主教穷小子约翰·道尔根本就配不上他们的女儿。

你们或许认为堕胎之后他们可能会分手，但是愧疚感却使他们凝聚在了一起并最终走进了婚姻的殿堂，这也决定了妈妈余生的

---

1　即陆军预备役，在1920—2014年间被称作领土力量、领土军队和领土志愿预备役，是现役志愿后备部队。它于1908年由英国战争大臣理查德·霍尔丹创建，是英国军队的一部分。

命运。

　　他们结婚时录了影像，摄下了围场中搭的那个小帐篷。当时外祖母穿着一件橘黄色的衣服，喝酒后走路都打飘，摇摇晃晃地向着镜头扑过来，像被风吹得站不稳一样。外祖父则一直待在室内，泪流不止。

# 谎言6：

## 我在谷歌上找到的

爸爸过世后不久的一天，我抱着刚出生不久的孩子和妈妈站在楼梯上聊天，小孩子的哭闹声如同背景音乐一样循环播放着。我向妈妈提到一个之前读到的研究，研究里说如果女性在怀孕期间受到过大压力，生出来的婴儿就会经常哭。

"我们小时候会经常哭吗？"我问道。

"艾德会。"

确实，艾德经常哭。这个年纪最小的蓝眼睛男孩，小时候又矮又胖，脸色发白，拥有一头橘子酱色的头发，特别能哭，简直就是一个小哭包。我们三个都是打死也不肯哭的，可他倒好，每次都还没怎么他呢，他就吓破了胆，鬼哭狼嚎了起来。他现在倒是变得处变不惊了，估计是五岁前哭得太多，把闹腾的劲儿都给耗尽了。

和妈妈聊天时，天色不知不觉黑了下来，孩子也倚在我肩头睡着了。

"怀你弟弟的时候，我生病了。"她说。

"很严重吗？"

"当时医生告诉我们，艾德可能会失明。"她停顿着不再讲下去，像是在权衡着什么，沉默了很长时间之后她终于开口，"是你爸爸给我的。"

"爸爸给你的？"我愣了一下，"他给了你什么？"

"正当的离婚理由。"

听了这话，我过了一会儿才反应过来。

"那方面的病？"

她没有回答，孩子的气息热滚滚地喷在我的脖子上。

"性病吗？"我声音顿时变得有些尖厉，"真的吗？"要知道我的妈妈可是每周日的早晨都要在教堂里虔诚祈祷的那种女性啊，"哪一种？"

在我的记忆里，妈妈从未和别的男人有过过多接触。我看着她缓慢地一步一步从楼梯上走下去，我沉默地站在原地良久。

之后我又追到厨房去问，妈妈说她自己也不清楚是哪种。

"那好吧，"我试着相信她，"肝炎和疱疹你总应该知道吧，像狗皮膏药似的缠着人，治都治不好。"

我的一个漂亮舍友就得过这种病，复发的时候要花很长时间泡盐浴，这种病让她感觉颜面尽失。

我向妈妈继续发起攻势："天啊，你怎么这么糊涂！那你总该记得医生给你开了什么药？"

"他们就给我开了一些药片。"她说道。

"还告诉你这些药片可能会导致婴儿失明？"艾德生出来之前，爸爸一定是提心吊胆大气都不敢出的，"那要不就是淋病或是梅毒？可要是淋病的话，你肯定忘不了，绝对能记住。"

见她没有回答我，我继续追问道："他从哪儿染上的？"

她把目光看向别处。

"在你叔叔办的聚会上，"她说，"他喝多了。"

"然后呢？"

我还是不太相信她，毕竟有证据才行。

"要不就是他们招了妓。"她说。

即使这样也没有打消我的疑虑让我闭嘴："'菜花'？"

"你对这方面倒是懂得不少。"

是，我确实是知道一些，我解释说我是在谷歌上找的。

"肯定是'菜花'，"我低声说道，"得了淋病可能会使婴儿失明，但治好了就不会了。没错，肯定是'菜花'。"

她望向我的眼神里带了疲惫。

"你说什么就是什么吧。"

几个月之后，也就是圣诞节过后的一天，我向艾德说了这个事儿。我自认为如果我是那个可能会失明的孩子的话，我会想知道事情的真相。事后我意识到，这可能只是我的一厢情愿，我完全没考虑过艾德知道这件事后会是什么心情。

当时我和艾德正驱车前往渡口，他听完后不发一词，默不作声地把车子驶进了右手边的加油站。他无比平静地下车加油，然后走进店里结账。我坐在车里就那么一直注视着他，他去的时间太久了，我等得如坐针毡。回来后他依旧什么都没说，半个字都没有。我很想说点什么打破车里的沉默，可话到嘴边我又不知道该怎么说。

# 谎言 7：

## 回忆录不是小说

"回忆录"这个词源于法语，是阳性词"成文的记录"（le-mémoire）和阴性词"记忆"（lamémoire）组合而成的词语。它是文学作品中独立的一种体裁。回忆录就如同我们的记忆一样，总是充满着带有偏见的个人情感和扭曲的事实，可以说它压根儿就不存在真实的地方。

自传中的谎言我想大家都应该略有耳闻。詹姆斯·弗雷的《百万碎片》和米莎·德丰塞卡的《米莎：大屠杀年月的记忆》里的细节就禁不起推敲。他们自传里的谎言最终被戳穿，并见诸报端，所以舆论当然不会放过他们，他们也因此声名狼藉，落了个灰头土脸。脱口秀女王奥普拉·温弗瑞在第二次采访弗雷时评价道"上当了"。

弗雷应当为此感到羞愧，因为他违背了回忆录的一大原则，那就是真实，不能欺骗读者。这也是回忆录与小说等一些故事性读物之间的区别。

弗雷最大的问题是他谎报事实，并且是在深思熟虑之后有预谋地进行的，就像谋划一场刺杀一样，他当然要为此受到惩罚。而回忆录作者面临的另一个写作挑战——为了便于读者更好地阅读而将生活美化，就是另外一码事了。

所以有些人会批判自传的作者不讲道义。在过去，如果想写自传，自传作者就算没有丰功伟绩，起码也得拿出点有价值的东西来。但据《纽约时报》的一位记者讲："现在的回忆录，要不就是在讲自己抗癌的经过，要不就是在描述父亲或母亲死亡的场景，再不然就是罗列自己和多少男人有染。"严格意义上说，回忆录的作者不是作家，而是施虐者，他们将读者拖入平庸空洞，或拽入烦琐芜杂。

当然，我在书中也写到了罹患癌症、痛失至亲甚至乱性。在此，我向诸位读者道歉，因为我也是普通人，没做过什么惊天动地的大事。要想解决这一问题，最简单的就是放弃"回忆录"这一体裁标签，直接更名为"创造性非小说"，这样真相就不再是衡量标准了。而我也就可以通过想象将一切索然无味脱胎换骨，使它们引人入胜。又或者说"创造性非小说"的说法只是为了给说谎开个后门。

不过我并不想说谎。

但在实践中，尽管下笔前我们一再提醒自己不要说谎，可不论我们写的是什么题材，总会不自觉地在其中夹带个人情感，于是欺骗就堂而皇之地粉墨登场了，毕竟我们的大脑可没那么有良心地对读者甚至是我们自己负责。每一天，大脑皮质都会产生新的神经通路并改变旧有的那些神经通路，同时也会做些修葺和强化的工作。我们的记忆其实不具有永恒性，就如科学家所说，我们的大脑是有可塑性的，那么记忆又何尝不是呢？

那些早已斑驳的记忆重新被唤醒，经梳理后归档大脑前额叶，所以说大脑前额叶也是谎言的策源地。听众在变，时间在变，谎言也要跟着改头换面，记忆也如此，每讲述一遍，记忆就会被刷新一次。如果前额叶同时负责欺骗和记忆，那么得出谎言和记忆有交叉重叠的结论也就不足为奇了。

我们想象和定义自己是谁，所依靠的不是我们所说的谎言，而是往事所累积的记忆。要是记忆丢了，那就是把我们自己弄丢了。我们每个人都由无数个时刻构成，我们试图用叙述将这无数个时刻串联起来，凝聚成连贯统一的一生，我们试图用记录将已经逝去的不复存在的岁月留存下来直至永远。记忆和说谎一样，都是一个再加工的过程，会将片段拼接起来，用我们对自己的期待和假设填补空白。记忆的构建与谎言的编造并无二致。

对于如何填补这些空白，专门研究伪记忆的伊丽莎白·洛夫特斯曾做过一个实验，给被试者灌输了他们小时候在商场里走丢了的记忆，并成功地使四分之一的被试者相信了这段"伪记忆"，可事实是他们并没有在商场里走丢过。她认为伪记忆来自外部暗示和"想象膨胀"[1]，就像上面"在商场里走丢"的情况，在被欺骗和暗示之后，我们就开始相信这是真的，并去构建这种记忆。

对于自传来说，构建记忆是不可避免的。想要把一个人的一生写好，就得重新组织记忆，不能还按年龄这种线性方式去记录，而是要选取最适合写作的部分。在撰写的过程中，要考虑读者的反应，从而对叙述做出调整，磨得越到位的故事越能让人信服。

我也不打算瞒着诸位了，开诚布公地讲其实这本书在一些地方，我也说了谎。比如编了几段不再记得的对话，删了几个不需要的角色，不得已也改了几个名字。为了写这本书，我对前尘往事进行了梳理，可在我把支离破碎的生活片段串联起来时，我就已经把记忆整了容。我信誓旦旦地说要给大家拨开迷雾看"真相"，但故事讲到最后可能会漏洞百出、谎话连篇，因为我也只能通过构建记忆来填补过去的空白。通过此方式梳理过去，我发现了潜藏着的无数谎言，更没料到它们都是从我嘴里说出去的。

---

1 指通过想象提高一个人确信没有发生的事情发生过的程度。

# 谎言 8:

## 幸福的家庭

要是给书中的人物定位的话，妈妈茉琳·海伦毫无疑问是我们中间的牺牲者。

我记忆最深的莫过于妈妈的味道。她总会舔一下手指，然后帮我把脸上的食物残渣抹掉，她闭着眼，鼻息之间是爱奈斯[1]香水的味道。这是一种缥缈又清晰的香味，一种少女式的花香，与香奈儿五号的馥郁芬芳刚好相反。盥洗室架子上的香奈儿五号是爸爸买来向妈妈表达自己歉意的，但妈妈碰都没碰过。

在我出生的头几年里，妈妈肯定有过抓狂、有过困惑，毕竟除了自己的孩子外，二十三岁的她还要给两个孩子当继母。二十三岁之前，她还是无拘无束的毛纺厂厂主的女儿，是婚姻把她生生拽入贫穷和单调的生活泥沼。那两个孩子不喜欢她，丈夫又自顾不暇，更别提帮她分担了。她只有每周日回帕斯郡时才得以喘息，过去日子的舒适惬意更显得婚后生活一地鸡毛，外祖父母也经常唏嘘不已，埋怨女儿当初不听他们劝阻做了错误的决定。

我的外祖父母帕特森夫妇共同拥有一家毛纺厂，虽然很可能将来会由于母亲的哥哥经营不善而宣告破产。除此之外，她的哥哥还继承了一座带有塔楼和马厩的房子、可供出租的几间屋子、几英亩土地。尽管之前一直在墙上挂着的几幅肖像画和景观图不知所终，

---

1　爱奈斯（Anais Anais）是卡夏尔于1978年出品的经典香水，由三百多种香料组合而成的花香调。

但我们都知道那些肖像画里的先祖是我们的榜样。肖像画里的几位女性先祖都很了不起，曾"服侍过"国王和女王。

妈妈家世优渥，小时候见识过形形色色的女佣——整日愁容不展的、工作不称职的，还有拒绝使用熨斗熨衣服的。到了上学的年纪，妈妈被扔到了寄宿学校，像是被流放了一般，之后再也没有回过家。

妈妈和我讲她参加过一个格拉斯哥天主教徒组织的研讨团体，他们之间的讨论最终都会演变成童年诉苦比惨会，大家铆足了劲儿比谁更悲惨。

"你们谁有我惨？"妈妈见缝插针地开口，"我是奶娘养大的。"

"奶娘？我认识的唯一的奶娘也就是头山羊了。"一位年纪稍大的女人幽幽地说。

虽然这话听起来有些道德审判的味道，但妈妈的家世确实使她失去了他人的同情心。在寄宿学校里，妈妈对自己从小缺乏父母关爱的抱怨，在其他人看来像是在炫耀自己的出身，总归是不那么让人舒服的，尤其是当别人还在贫穷、疾病和战争中挣扎的时候。

尽管妈妈从小是在蜜罐里泡大的，但可能因为她是个女孩，她的父母并不怎么喜欢她，这一点周围的人也都能感受到。她的哥哥作为长子也不在乎这个妹妹是否讨父母的欢心。她的弟弟性格很好，嘴又甜，结合了外祖父母的所有优点。妈妈这两个兄弟的婚姻都很幸福美满。

即便如此，我们每周日还是会驱车沿着 A7 公路一路向北回到外祖父母在帕特森的庄园。在那里的日子，让我们清楚知道了妈妈为这个家舍弃了什么。午餐前，和蔼的麦格雷戈夫人会给我们备好醇美甘甜的雪利酒，她是外祖母的得力助手，是一位忠诚可靠的女佣，她来之后就再没换过女佣了。有时候我们几个小孩子会在草坪上玩槌球，或者四散开来去采覆盆子，再或者玩外祖母唯一的那副卡牌游戏——"幸福家庭与老女佣"。下午茶的时候，我们可以吃到最爱的英式松饼和小蛋糕，它们在闪闪发光的小推车上显得那么可爱诱人。

爸爸和外祖父母关系处得不好，嫌隙颇深。这也导致了在回爱丁堡的路上，我们会坐在车子后面抱怨他们家楼下卫生间里廉价的艾洒尔牌厕纸又薄又糙。这也是我们唯一可以拿来抱怨的地方了，而这种抱怨让爸爸和妈妈找到了心理平衡，不那么后悔以前做出的那些决定。

# 谎言 9：

## 哭泣的人坏了爸爸的心情

记得那天是忏悔日，我们坐在餐桌旁耐心地等待着开饭。艾德坐在一把高脚椅子里，与他平时坐的幼儿专用高脚椅不同，这把的椅子腿很高，所以他可以非常方便地够到盘子。不过他坐在里面看起来像是长了几条蜘蛛腿。艾德今天很安静，不哭不闹，我也控制自己没有吮吸大拇指，因为我们表现好的话不仅可以喝到茶，还能吃到薄煎饼。

房屋的前半部分是客厅，客人们可以围坐在那里看电视。房屋的后半部分是餐厅，厨房倚着餐厅建造，形状狭长，像根管子一样延伸到花园。妈妈平日里就围着厨房里的烤炉和水池转。如果想从后门出去就不得不和妈妈借道，时不时还得与我们的贵宾狗楚蒂狭路相逢一下，除此之外还要注意别碰着了吃饭的碟子碗筷，也要小心别把垃圾桶踹翻，或是把长筒雨鞋踩扁。

餐厅的墙壁被爸妈漆成了很深很深的颜色，这样有助于艾德入睡，他小时候不爱睡觉，怎么哄他都不睡。有人出主意说把他扔在房间最僻静的角落里谁都不哄就行了，爸爸妈妈也确实这样做了。艾德哭到声嘶力竭也就自己睡了。

把艾德扔去自生自灭的那种角落不一定非得是外祖母家那种奢华的餐厅里，一个简简单单的餐厅角落就行。比如我家的这个餐厅：五把椅子，一个高脚椅，一张餐桌，一个用报纸遮挡着的橱柜，再加上散乱放着的家庭作业、书包、工具、玩具等。不过艾德不用再在这个餐厅的最远角落里睡觉了，改去我的房间里了。房间里有两张双层床，其中的一张是我睡上铺他睡下铺，肖恩则在旁边的另一张双层床上睡。埃德里安被安排在阁楼，那里也成了他的私人空间。他禁止我和艾德上阁楼，所以我们只能眼巴巴站在门廊上看他气派的纸糊火车、隧道还有山丘。艾德很喜欢看埃德里安一圈圈地开他的小火车，但我觉得也就那么回事，而且还得从门廊上看。于是我扭头看向外面，透过阁楼的窗户可以看到房顶和远处的天空，鸟儿落在邻居家的天线上，它们晃晃身子想站稳一些。眼前的这些情景，让我觉得埃德里安的生活肯定与我们的不同。

除了吃饭这种实在躲不开的时候，埃德里安基本不会露面，估计是想躲着爸爸，免得受皮肉之苦。都怪我们太能惹事了，最近爸爸随时都会大发雷霆。那次肖恩把楼梯的地毯点着后，邻居们对此大为光火，把状告到了爸爸那里。肖恩还被人看到像蜘蛛侠那样挂在二楼的窗台外面，他好像是想从外面量一下房子有多大。埃德里安把自行车撞坏了，我折腾车门的时候也被爸爸抓个正着。我们闯祸之后，挨打肯定是没得跑，但用什么打就不一定了，像上次我们在布莱佛德水塘游玩时，爸爸就格外开恩没用皮带打。

爸爸每周六都会带我们去喂鸭子，一家人其乐融融。但肖恩这个不老实的，老是会掉进池里，吃一堑长一智在肖恩那儿根本行不通，每次他都重蹈覆辙，搞得浑身湿漉漉，惹得爸爸很是恼火。不过也可能只是爸爸讨厌我们小孩子哭，不论是我们当中的哪个哭他都讨厌。

不过，今天大家都夹着尾巴做人，无比乖巧，不会再有哭声或者跌进水塘的事情了。我们都翘首以盼，期待厨房到餐厅的门打开，那时就要上薄煎饼了。从门缝中看到爸爸妈妈时，总感觉有什么不对劲，我的胃也跟着紧了一下。该不会没得薄煎饼吃了吧？我们可是从午饭起就一直很乖啊，连肖恩都是如此。

不大一会儿，厨房门打开了，爸爸两手空空进来了。

"我刚和你们妈妈打赌，要是我煎饼翻得最成功，她就得给我五十英镑。"

五十英镑！他难道不知道妈妈曾经在女子精修学校专门学了一年煎薄饼还有如何优雅不走光地上下车吗？那可是五十英镑！足够妈妈买整整一浴缸的"半便士泡泡糖"[1]了。

肖恩按捺不住，早已下了椅子跑向厨房打算看个究竟，埃德里安紧随其后，艾德也从高脚椅上往下爬。虽然他们没得到爸爸允许就擅自行动，但爸爸好像也没生气。相反，他看起来乐呵呵的，可能心里正美滋滋地盘算着要在我们这几个孩子面前露一手，好赢妈妈的五十磅。

爸爸自信满满地先上场了，他想给我们看看什么才是行家里手。看到他如此胸有成竹，我刚才揪起来的胃舒缓了些，虽然吃到薄煎饼会晚一些，但这次的薄煎饼就像煮熟的鸭子那样不会飞了。

五十英镑啊！他可不能输。

不得不说，在翻勺之前，爸爸的动作一直流畅得堪称无懈可击。不过重头戏全在翻勺，成败在此一举，而且很容易玩脱。面糊并不如想象的那样服帖，爸爸旋晃颠翻着煎锅，用煎鱼铲拨弄着。

面糊成形不再粘锅后，爸爸得意扬扬地提醒我们注意他要展示绝活了。只见爸爸一颠锅，可惜用力太猛，嗖地一下煎饼朝着天花板飞去，我们瞪大眼睛紧紧盯着黏在天花板上的煎饼，啪嗒一下煎饼又落了下来，只可惜准头不行，只有一半落在了锅里，另一半掉在了锅外。整个煎饼摔了个稀巴烂大花脸，惨不忍睹，更别提入口了。

要是外祖父出了这样的洋相，那我们一定会毫无顾忌地笑得前仰后合，可现在是爸爸，谁敢笑一下试试？小小的艾德挤在我们的腿中间，吓得连头也不敢抬，更别说盯着看油乎乎的天花板和那炉子上的半截子煎饼了。

我的胃痛又开始了，但还不是太担心，毕竟有妈妈坐镇大局，

---

1 "半便士泡泡糖"是咀嚼式糖果的别称，一般半便士一个或一便士四个，著名的品牌有 Fruit Salads、Blackjacks 和 Mojos。

不会吃不到薄煎饼。但妈妈肯定不会去赢爸爸。要是真赢了，她就得后悔了。

妈妈给煎锅刷了一层油，接着往里面舀了一勺面糊，再把面糊从中间摊成饼状。

爸爸为了挽回面子，一直在说第一个吃螃蟹的人容易把牙硌着，让他第一个上场很不公平，但我们不太搭茬，都在看着妈妈怎么煎。

她小心翼翼地用煎鱼铲将煎饼的边缘铲起，然后前后晃动煎锅，煎饼随锅而动，紧接着，妈妈手腕一用劲，煎饼顺势飞出锅沿，在空中优雅地翻了个面，又稳稳地落回锅心。整个过程干净利落，行云流水一般，简直赏心悦目。

我闭上了眼，这一记耳光打得太响了，爸爸颜面尽失，我们这下要吃不了兜着走了。

艾德这时候偏偏没眼色地大声问道："谁赢了？"

我感觉我的胃里翻江倒海。艾德真是唯恐天下不乱，我隐约记得我狠狠地戳了一下他的胳膊。

"妈妈赢了，"爸爸转过身来说，"她赢了。"他没有愤怒地用手指着我们，也没有恨得咬牙切齿。

"剩下的煎饼就都由她来煎吧，"他说道，"她也就只在这方面比我强些。"

当然，没人敢去提醒爸爸说妈妈赢了他五十英镑这件事。谁敢去摸老虎屁股？其实刚才爸爸那么好说话，我们几个都有些丈二和尚摸不着头脑，不过也没必要钻牛角尖。妈妈重新给锅倒上油，往里面舀面糊。

"谁吃这张薄煎饼？"妈妈问道。

我回餐厅往椅子上坐的时候忍不住疑惑，他们俩这是在玩什么游戏吗？

# 谎言 10：

## 他娶得好

没有人是不作弊的。

我丈夫就是个典型，尤其在玩"争霸世界"[1]这个游戏的时候。

有次我问他，为什么作弊获胜也算数？他说："这跟作弊没什么关系，只是为了不做一个失败者。"

一个朋友向我道出了其中微妙的差别：玩蛇梯棋输了不要紧，因为那要靠运气，但玩拼字游戏[2]和国际象棋就不一样了，需要拼智力的时候，要什么手段都不为过。

一个人玩游戏什么样，那他就是什么样的人。而且玩游戏时显露出来的秉性很难改，可能会伴随人一辈子。玩家可谓形形色色：有输不起乱发脾气的，出老千的，争得面红耳赤的，掀桌子的，死盯着规则不放的……不知道你是哪一种？马萨诸塞州东北大学的科学家组建了一个虚拟人格评估实验室，他们想通过被试者玩游戏时的表现研究这些人的真实性格。如果游戏里的玩家想要获胜，就没工夫伪装自己，也没时间琢磨"我要这样做才能给人留下好印象"，所以研究人员认为这要比面试有用得多，游戏更能揭示参与者的真实性格。不过，我对游戏看得很淡，胜败乃兵家常事，不必太拘泥于方寸之间的输赢。

当代研究作弊的理论学家却忽视了一点，那就是人分两类：遵

---

1　一种征服世界的游戏。

2　游戏规则为用手中的字母组成新的单词，并和台面上已存在的单词接上。

守规则的和不遵守规则的。人们会对自己所处的具体情况进行分析，权衡得失，然后再做出是否破坏规则的决定。比如我们在黑暗的房间中会胆子变大进而作弊，但在明亮的环境中则更倾向于约束自己。同样，我们对自己拥有的权利越有实感，就越会纵容自己。想象一下你开着一辆更气派的车，座椅豪华考究，是不是更有勇气去闯红灯，或是往本已水泄不通的高速路出口里加塞？我们也会趁乱行不轨之事，或者是趁没人注意到我们的时候，往公共卫生间的投币机里投大富翁的游戏币。

心理学家发现那些声誉良好的孩子不会轻易做出有损形象的行为。肖恩调皮捣蛋，声名扫地，所以他破罐子破摔，对于形象问题根本就不在乎了，反正再怎么循规蹈矩也改变不了大家对他的印象。于是，他对外祖母的那副"幸福家庭与老女佣"卡牌下了手，把里面的几张弄得有了折痕，我和艾德在几个月后才发现。

我的一位好友一直热衷于研究儿童需要什么样的教育，曾通过观察孩子们输赢扑克筹码来探究他们的情绪世界。游戏规定，做了好事会奖励筹码，但做了不好的事就要罚筹码。很多孩子由于太过调皮，筹码被罚到连玩蛇梯棋时的"对儿"牌[1]都输不起了，他们往往是那种去食堂都要被阿姨勒令去排队的不听话的孩子。这些孩子遇到掷骰子的环节时，有三个选择：不参与，参与但随时可能捣乱，或者干脆作弊。

如果肖恩没耐心玩某个能稳赢的游戏，或游戏时他发现自己要输的时候，他就会搞破坏，比如频繁更改游戏规则，或者直接甩手走人。他这样做的时候理直气壮，不觉得有什么不好。某项研究对作弊的动机进行了调查，被试者说作弊其实也是为了报复对手。这下我们就应该清楚了，作弊者玩的是一种"超游戏"，其他玩家在认真玩游戏，而作弊者玩的是自己的对手。所以"作弊"又是"不忠诚"的代名词。

---

1　游戏者轮流下牌，出现相同的牌时要抢先喊"对儿"。

然而，在黑暗的屋子里就更容易作弊吗？在豪车上就更容易出轨吗？或者说作不作弊其实只是有没有机会作弊的问题？就像一个人待在满是大富翁的游戏币的房间，或者刚好与心仪的同事共处一室，不发生点什么是不是对不起这么好的机会？

对于爸爸出轨这件事，我不太清楚是不是妈妈挂在嘴边的"娶得好"这个理由造成了他的不忠。他的那一大家子爱尔兰亲戚又穷又没教养，说个话唾沫星子乱飞，而外祖父家拥有各司其职的女佣和一车库的小轿车。这种差距较大的家庭背景使得他每周日去外祖父母家喝下午茶时备感煎熬，却又不得不忍气吞声地咽下那杯下午茶。

出轨的事儿东窗事发的时候，爸爸或许会辩解说自己不算出轨，他想和谁发生性关系就和谁发生性关系，完全可以打破规则，不按常理出牌。但或许他这么做只是想找到些心理平衡，虽然做事方式不入流，但他有了游戏中报复对手的快感。他用出轨这件事来回击使他备感煎熬的悬殊家庭背景。

# 谎言 11：

## 快看看你信箱里的礼物吧

除了病态式说谎外，虐待动物也是海尔精神病态人格测试表上的一项重要检测指标。钟爱贵宾狗的叔本华曾说过："一个人要是虐待或屠杀动物，那这个人根本好不到哪儿去。"所以妈妈去世前没把她的爱犬托付给我照顾也就不奇怪了。那是一只毛色橘白相间的可卡犬，妈妈给它找到了更合适的主人。

我最早的关于动物的记忆是爸爸从工棚下往外拖小兔子，然后一只一只把它们塞进麻袋。兔子的繁衍速度太快了，原本只有两只，现在已经有十二只了。爸爸为此很闹心，他命令肖恩"刨开"工棚，直捣兔子窝。俗话不是说狡兔三窟嘛，这些兔子洞四通八达，把草坪搞得一塌糊涂。袋子里的兔子十分不安分，我问肖恩把它们装进麻袋是要做什么，肖恩说爸爸打算把它们扔进河里。我听到后暗自庆幸自己不是只兔子，我不想变成兔子不是因为它们要被沉河，而是怕变成了兔子后会惹爸爸烦心，相比惹爸爸生气这件事，沉河还不那么让人恐惧。

那个时候我们住在爱丁堡莫宁赛德区的圣尼尼安，我们的邻居凯迪夫妇平时总为了一些鸡毛蒜皮的事情找我们麻烦，这下因为那一窝兔子更是得理不饶人。我不记得和凯迪夫妇有过正面交锋，但记得他们不是咚咚咚地捶我们两家的隔断墙，就是叫嚷着让我们闭嘴。凡是肖恩扔过界到了他们那边的球，不论是足球、橄榄球、网球还是高尔夫球，通通都是有去无回，再要回来想都别想。

爸爸曾几度试图震慑住凯迪夫人，但不论是拿拳头把前门砸得咣咣响还是从窗户上吼她，她都和铜浇铁铸的一样，毫无惧色。爸爸还是头一次遇到这么厉害的主儿，但最终爸爸还是以奇制胜了，那次是出发度假前，爸爸趁着往车里装行李时，在发动机声音的掩护下，给她家的信箱来了条奇臭无比的烟熏鲱鱼。

我们言归正传，回到养动物这个话题上，值钱的不值钱的我们家都养过——立在窗帘轨道上尖声细嗓叫个不停的虎皮鹦鹉、集市上赢来的金鱼、好几条狗、猫、兔子、老鼠、五只短腿母鸡，还有为过圣诞节杀价买来的火鸡。你们可能觉得把火鸡倒挂在地下室，不一会儿它就不行了，但其实它还能坚持扑腾好几天。

家里动物毛和鸟毛飞得到处都是，这都要怪那个喜欢养动物的人，具体是谁我已经懒得去细究了。在我们家，小动物死亡之后没有丝毫的仪式感，既不在后院为它献花或唱歌，也不会新种一棵树以祈祷生命的重生，只是在早饭时简单宣布又有一只动物离我们而去了。

一天下午，老鼠死了。我是凶手之一，当时我胸口抵在浴缸的边缘跪着看热闹。肖恩塞上了浴缸的塞子，打开了水龙头，水哗哗地灌进浴缸，两条塑料小船在里面晃晃悠悠地打转儿，其中一条小船有桨轮。肖恩想看看自家的老鼠能不能像邻居家的仓鼠推轮子一样推动桨，那只老鼠受了惊吓吱吱乱叫。肖恩怕我伸手抓到他的这两条船救下老鼠，故意开大了水，冲得船到处漂，直到漂到我够不着的地方才停手。毫无疑问，那只老鼠后来溺水而亡了。

一年后，某日大清早，我们发现两只鹦鹉也死了。都怪它们饥不择食，居然把西红柿苗给吞了。至于从集市上赢来的金鱼，它们本来就寿命不长，所以也就没指望它们能活多久。就算金鱼能活过一周，在清理鱼缸换水的时候，也会不得已地让它们暂居马桶，当然，这时也很容易被冲走。

有段时间，我们家那条雪白色的迷你贵宾狗楚蒂一直很焦躁。这也是可以理解的，毕竟看着其他动物死亡，就像预见了自己的悲惨未来一样。每天早晨和晚上，爸爸都会带它到花园里活动并让它拉便便，爸爸等它拉便便失去耐心的时候就会冲着它喊"快点"，楚蒂这时候也很给面子，很快就把问题解决了。但上了年纪之后，它的自控能力开始变差，腿脚也不是那么利索了，这下新地毡遭了殃，那种屋子里随时都可能踩到狗屎的尴尬情况可不是那么容易忘记的。

爸爸在如厕训练方面自称是行家里手，经常吹嘘说教会我上厕所只用了一个周末。其实他根本不必费这些口舌之力，毕竟我目睹过他是怎么训练狗的。狗狗们要是胆敢有一丝犹豫把尿撒在了远处的墙角，爸爸就会揪着它们的脖颈，连打带拖地把它们扔出花园。家里所有的狗，除了最后那只最受宠爱的橘白相间的可卡犬外，每一只都生活在恐惧当中，它们的眼睛一直透露着怯懦与惊恐。

总的来讲，我完全可以脸不红心不跳地说，家里宠物过高的死亡率以及它们的焦虑恐惧，都是因为饲养经验不足导致的，但出了一个例外，它是我们的辛蒂。

辛蒂是一只虎斑猫，进我们家之前是一只正处在发情期的流浪猫，不过对我们很忠诚。我们从圣尼尼安搬到新家时也带上了它，更准确地说是"绑"来的。新家年久失修，老鼠吱哇乱窜，我们用了六个月的时间翻新。六个月里，妈妈和爸爸把辛蒂关在屋里，只给它爪子上抹了些黄油来当食物，它没有食物就只能一直在屋里替我们捕鼠为生，一年后的秋天它消失不见了，我记得那是 1977 年。

妈妈对猫一点好感都没有，一看到它们就皱起鼻子以示鄙夷。我每次问她辛蒂去哪儿了，她都会说："到你叔叔的农场去了，那儿的猫可多了，它去那儿加入了农场猫咪大队。"妈妈每次都重复着这些令人疑窦丛生的话。

# 谎言 12：

## 我们都在捉弄艾德

1974 年夏天，我们一家子在布列塔尼度假，当时我们住在一个宿营拖车里，它是我们一路从爱丁堡拉来的，我们把它停在一个长满草的沙丘后面。每晚，我们会和一个画家还有他的妻子聚在一起拿软木塞当牌玩。当然，要想有足够的塞子，就得先干掉很多瓶红酒。

一天晚上，太阳西沉，布列塔尼的风贴着地面吹来，喝了一两瓶红酒的大人们已经有些微醺。沙滩上本来人就不多，现在更是没几个了，我们几个小孩子在挖洞玩。艾德被我们忽视了一整天，为了能和我们一起玩，他同意了让肖恩把他脖子以下都埋进沙子里。潮水渐渐涨了起来，一波波向我们涌来。埃德里安提议让艾德站在沙坑里，因为他个头很小，即使站着也不用费多大功夫就能把他埋起来，而且埃德里安和肖恩一致认为站着埋会增加艾德逃跑的难度。

艾德跳进了我们为他量身定做的沙墓。在埃德里安的监督下，肖恩干得非常起劲儿，把沙子拍得那叫一个实。艾德害怕地在沙坑里扭动，肖恩刚用手夯实的沙子鼓起包，四散裂开。肖恩和埃德里安哄着让他站好不要乱动。

不一会儿艾德哭了起来，为了不被大人们看到案发现场，在艾德的哭声里我跑回了宿营车所在的那个沙丘。由于太慌乱了，我深一脚浅一脚地陷在沙地里，鞋子里全是沙子，不得不光脚跑。埃德里安和肖恩那两个始作俑者也跟着回来了。海水已经漫上艾德的脖子了。他俩跑回来则是特地要捉弄这个小弟弟，他们站在远离海水的沙丘上笑得前仰后合，潮水涨得越来越快，一浪大过一浪，他们两个根本不顾艾德的死活，甚至吓唬艾德说我们要把他独自抛在那里。

这对艾德来说意味着要溺水身亡了。

我从蒿草里回过身来看向海边，我看见艾德小小的脑袋，他的脸上涂着迷彩，红色的头发掺满沙子，他撕心裂肺的尖叫声中掺杂着的恐惧令我无法呼吸。

# 谎言 13：

## 我是最不受待见的

一个人拥有怎样的权利才能够下笔书写其兄弟姐妹的故事呢？

下面的故事你永远无法从我兄弟们的嘴里听到。

接下来我所写的内容与他们记忆中的会有很大出入。因为我们年龄、体型、情绪和性格不尽相同，所以即使是同一件事，在我们的记忆中也有很大差别。一千个人眼里有一千个哈姆雷特，我们手足四人对同一件事里谁受的委屈最大、谁尝到了甜头也都各执一词。我们每个人构建的记忆都是自己最易接受的。心理学家多萝西·罗威认为我们所记住的不是发生的事情本身，而是我们对它的解读。

一脑一世界，我看事情的角度和我的兄弟们断然不会一样，我们的大脑给我们创造了不同的脑内世界。一位柏林的验光师得知我有驾照很是震惊，因为我患有弱视，更准确地说是一只眼睛弱视。为了弥补我视力的不协调，我的大脑帮我省了一半的视觉输入，这导致我无法对深度做出估量，也就是说，我根本无法准确把车停入车位。

我对于生活的体验与我的兄弟们也不同。我们几个出生时间不同，性别不同，身体里流淌的血液也不同，看待自己长大过程中的点点滴滴的方式也就必然不同，所以我们的记忆经常会出现打架的情况。前面讲到的那只从塑料桨轮船上坠入浴缸溺亡的老鼠就是一个例子。或许艾德目睹了，又或者是埃德里安，也可能根本没有目击者。我假装自己记得老鼠溺亡时的场景，毕竟肖恩讲这个故事都快讲烂了。不过我不得不承认其实我的记忆中真没有一只老鼠垂死挣扎的画面，毕竟死亡是很难直面的。

一项近来的研究发现，人们在构建自己孩童时期家庭社会经济地位的记忆时，有53%的兄弟姐妹在父亲的文化修养程度上有分歧，21%的兄弟姐妹对母亲的辛劳程度看法不一。

关于我的母亲是否工作过，我曾经询问过我的兄弟们。因为埃德里安和我没什么联系，所以我没有向他咨询。肖恩发短信回复道："有的，之前有做过秘书（原话如此）[1]，就是这一类的工作。"艾德同样表示母亲工作过，并罗列了很多志愿岗位上秘书性质的工作，比如儿童权益专家组、大学附属幼儿园和难民援助。几小时后他又发了一封邮件给我，补充道："她还经营着一个不大的私人精神病院，她的时间真是充裕。"

我们在看待事情时，如果能把做事动机考虑进来就再好不过了。哲学家清楚地界定了什么是真相，什么又是真诚。一个人要是心怀真诚，那么他的目的也就是为了更加接近真相，与我写下这些文字的意图是一样的。在老鼠淹死这件事上，我竹筒倒豆子地说了出来，力求还原当时的真相。虽然这么说有点天真，但我希望大家能多信我一些，不然如果出现任何质疑我记忆的声音，那我的记忆可就全毁了。

是人都会有记错的事。通常情况下，我们不会刻意说谎去欺瞒别人，但我们的记忆会按照自己觉得舒服的方式来构建，这是人类无法摆脱的本能。一项研究对双胞胎的记忆进行了比对，在关于"成就"这方面，有十条是意见不统一的，他们都说自己是短跑比赛的冠军，或是拼字比赛的第一。另一个重灾区是在卖惨上，愿意把"最不幸"的名额拱手让给对方的只占10%。我们都宁愿相信自己才是那个被打得鼻青脸肿的，而不是那个逃之夭夭、滑得像泥

---

[1] 原文为"sectary [sic]"。"sectary"是英文"secretary"（秘书）的误拼。[sic]则表明该拼写错误来自肖恩的原短信，未经过改动。

鳅一样的。在这一点上，我们姓道尔的谁都不让着谁，非要争出个"最惨王"不可。

老鼠溺亡的时候我究竟在不在浴室，对此我是否说了谎，这个并不重要。重要的是我是否摸透了两个哥哥的"本事"。我们打小就生活在一起，互相陪伴着长大，我敢说，谁都没有我们腻在一块儿的时间多。与此同时，我们之间毫无疑问会产生一种焦虑型依赖关系，希望自己的兄弟姐妹能爱自己，害怕他们讨厌自己。心理学家多萝西·罗威说我们害怕的是被"消灭"，那些最可能消灭我们的敌人就是我们知己知彼的兄弟姐妹。

如果我是落难的公主，我希望来救我的英雄是埃德里安和肖恩，我希望他们能够爱我，但这怎么可能呢？生活不会一碗水端平，艾德和我就是最好的证明。爸爸曾说埃德里安招我们所有人的讨厌，因为他无法无天，完全被"宠坏了"。不过我觉着这和他是不是被宠坏没什么太大关系，倒是和他发现来了肖恩这个又争食又抢地盘的家伙有关。俗话说得好，一山不容二虎。家里每多一个兄弟姐妹，我们各自在家庭里身份的独特性就会相应减少。罗威告诉我们，这种被鸠占鹊巢的耻辱感会随着时间逐渐减弱，但永远不会消失。埃德里安一直活在这种创伤之中，一年后又迎来了自己妈妈去世的打击。

帕特对埃德里安的爱是完全无条件的，整个心都扑在了他身上，仿佛这世界上除了她儿子谁都不值得爱，这让爸爸很是嫉妒。对埃德里安来说，爸爸口中的"被宠坏"根本无法弥补他失去妈妈的伤痛。

我们都无法摆脱家庭对我们的深远影响，我把一起长大的兄弟们写成这样对他们来说可能是一种冒犯。那些在我描述下变得面目全非的往事，他们应该能在记忆中找到相应的片段。他们又会怎样描摹我呢？在与我的最后一次联系中，埃德里安把我称为小霸王（当时发生了点小意外，你们在后文会读到）。艾德说我有时不太友好，对过去太执迷不悟。而在肖恩眼里，我喜怒无常，爱闹脾气，典型的佩吉小姐做派，他模仿我生气时的厉声尖叫可谓一绝。

　　"我最近在读你的书，米尔[1]，"肖恩和我说，"生气会改变你的生活，你还是改改吧，而且对身体也不好。"

---

1　"米尔"是"米兰达"的爱称。

## 谎言 14：

## 我是唯一的女孩

　　我在考文垂[1]，离布列塔尼全家游已经时隔一年。一天，我站在篱笆外，反复在心里预演着肖恩和我说的话，美滋滋地盼望着艾德一会儿捅了娄子不再受宠，而我自己坐享其成。

　　时值炎炎夏日，我和艾德每周都会在肖恩的带领下，在田野和各个庄园的篱笆间玩耍。艾德和肖恩翻进一家的篱笆，然后爬上了里面的一棵树，那棵树粗壮繁茂，枝条四散开来，枝杈越过篱笆伸到路面上。车辆通过时，绿叶擦着车顶发出沙沙的声音。我那时年纪还小，身量不高，木门有我前额那么高，从篱笆外完全看不到里面的情况。我放弃了，干脆坐在旁边有些陡的草坡上，听着头顶上两个兄弟的动静。当然，不用看我都知道艾德是吃不到什么甜头的，肯定又是被肖恩支来唤去的。一个夏天都没修剪过的草地现在长得郁郁葱葱，草叶鲜美多汁，里面点缀着簇簇蒲公英和雏菊。马路对面是霍普顿地产的门楼别墅，旁边带着一个拦牲畜的沟栅。一辆车从沟栅驶过，发出哐当的声音，之后开往别墅主房，渐渐消失在路上，周遭安静了下来。

　　突然，肖恩尖叫了起来：

　　"米尔！米尔！快跑！"

　　他从树上跳到篱笆外，拉起我的手，连拖带拽地扯着我一起往门楼跑去。我的脚不凑巧卡进了沟栅里，整个人摔在了上面。肖恩

---

1　英国英格兰西米德兰郡城市。

不停地大叫，一声高过一声，我以为这是他恶作剧的一部分。但他死命地捶门楼的房门，就好像有人要死了一样大声呼救。

门终于打开了，我们咣地一下栽了进去，然后就听见嗡嗡嗡仿佛带有怒气的声音也一起进了门，是的，五只胡蜂不知怎么也随着我们进来了。一位系着围裙的女人赶忙拿报纸卷成棍子状驱赶胡蜂，而更多的胡蜂从肖恩的衬衣里飞了出来，他被蜇得一把鼻涕一把泪的。

"我的弟弟还在那个院子里，"肖恩告诉那个女人，"他太小，篱笆门太高，过不来。"

艾德当时肯定在痛哭着喊叫，但他人小音量不够大，我们肯定是听不到的。最后，我们终于把他救了回来，我们三个挤在小小的前厅里。小小的艾德蜷成一个球缩在我脚边，那个女人用报纸不停地抽他，驱赶他身上的胡蜂，那阵仗像是要把他往死里打。

为了补偿胡蜂给我们带来的创伤，爸妈可是下了血本。两周后，艾德一回到家，就收到了一辆崭新的自行车，这是他人生的头一辆自行车。

我看到艾德的那辆自行车后哭着上了楼，把自己锁在卫生间里。因为前一天我的生日礼物也是一辆崭新的自行车，那也是我人生的第一辆自行车。但艾德的是辆哈雷折叠自行车，白色的轮胎，比我的大一圈。

爸爸跟了上来，敲门想要我出去。

"艾德才是你们的最爱！"我叫道，"他不过生日都有自行车做礼物。"

"但是米尔，"他压低了声音，生怕后面的话被屋里的其他人听到，"你要知道，你是我最爱的女儿。"

我恶狠狠地踢了下墙。

"我是你唯一的女儿。"

## 谎言 15：

## 未来的某一天，我要逃离这里，成为马戏团的一员

　　我多么希望能为大家还原一个完整的爸爸，但我的大脑会不经请示就把一切它觉得不可信的东西清理掉，就像爸爸把酸了的牛奶处理掉一样。

　　爸爸生前喜欢喝牛奶。事实上，他偏爱原汁原味的食物，像什么水煮土豆、烤饼蘸果酱、鲜奶油蛋糕、猪排。煮羊羔肉用的调味料必须是不带添加剂的，西红柿他要生着吃，奶酪不能是全熟的。虽然他的要求这么多，但他依旧喜欢看甜品贩卖车上琳琅满目的小吃，还会买上几样来吃。他喜欢占小便宜，吃自助餐的时候，他会根据食物的软硬和形状来装盘，这样一次就能满满当当盛好多。每次下飞机前，还没等航空公司的人来清理机舱，他就带着搜刮来的毯子、枕头、耳机、机上杂志、牙刷、没动过的食物溜之大吉。要不是椅子是固定的，我估计他都能搬走。

　　为了激励自己，爸爸会写道："努力把事情做好。"在面对天主教的严苛信条和妻子的生命安全时，他进退维谷，虽然最后找到了领养肖恩这个方法，但在此期间他笔下流露出抛妻弃子和另娶的念头。这些内容都经由他手写在几个记录簿上，封皮的橘黄色现在已经有些斑驳。其中一个本子记录了他试图说服自己的妻子使用避孕套（没成功），另一个上面赫然记录着他在公交上遇到一个年轻女人，她的包里恰巧装着一个避孕套。

　　他曾和我一起探讨如何运用布恩出版社创意写作课上教的内

容，还提过想写一部关于冷战的惊悚小说，但都没有付诸实施。他在写作时只肯照实写，不愿为了写作效果对自己的经历进行润色。可能对爸爸来说，只有在这些文字中，他才能从海市蜃楼的虚妄假象中逃离，不必再强迫自己像在生活中一样苦苦支撑。

爸爸很看重别人对他作品的评价，而我作为他的读者和探讨对象，吃透爸爸笔下人物的性格对我来说可是天大的事。在几个孩子中，爸爸很看重我这个读者，他一直试图让我相信他创造出来的人物并不是他自己。在创作的过程中，如果前一个情人无法完美地在情节上过渡到下一个情人的时候，他总会来问问我的建议。比如对某个"他"还未发生性关系的女人或"他"觉着还没拿下的女人该如何下笔。爸爸的小说不只对他自己意义重大，对我也有着非凡的意义。

爸爸出生于爱尔兰西海岸的一个小岛上，他的根扎在那片沙滩上，应该说是那个小岛的每片沙滩上。如果我们也在沙滩旁，就能看到他雄赳赳地在防波堤上踏步向前，身上的潜水衣褪到很低的位置，露出英国米字旗三角游泳裤的裤边，甚而看到一小截儿他的屁股沟。

爸爸家一共八个孩子，他是老六，出生时他楔形的脑袋就像戴了顶王冠一样，而这直接导致他妈妈难产，岛上的人赶紧用小船将她运到了岸上救治。很可能刚出生时就被困的经历造就了他现在总想逃避的性格，不敢面对自己不美满的婚姻和坎坷的人生。1989年的圣诞节，我给他买了一件 T 恤，上面印着："未来的一天，我要逃离这里，成为马戏团的一员。"从那之后，这件衣服他就不离身了，穿穿脱脱，一年又一年。

照片中的爸爸成熟帅气，棕色的皮肤，爽朗的笑容，眼角有些褶皱，身后停着一艘镭射牌的帆船帆板 [1]，板体稍微一伸手就能

---

1 起源于美国的加长冲浪板，上面装有能转动的桅杆。帆板后来逐渐成为一项体育运动。

摸到。

与爸爸不同的是，妈妈总是躲着镜头走，还要挤在人群中。如此一来，想要拍她就只能抓拍。她经常说自己胖得不像样，但照片中的她身材中等，双腿颀长结实，衣着端庄朴素。

看见爸爸在沙滩上趾高气扬、唯我独尊的样子，妈妈和我就会凑在一起咯咯地笑。那是一整天里唯一轻松愉悦的时刻。我们就像躲在树荫下得到片刻喘息的鼹鼠，小心翼翼地开心着，生怕爸爸在哪片沙滩上不高兴了，把我们撇在这个小岛上。我觉着妈妈开玩笑似的嘲笑爸爸自负是为了让自己开心，但对我来说，这一笑却是对爸爸人性的品悟，我目睹并感知了爸爸灵魂里柔软且温柔的一面，那一瞬间值得我反复回味。

在生命最后的日子里，爸爸乐善好施，受到他照拂的有：一对不想再继续照顾患有自闭症的成年儿子的夫妇，一位在工作中受到欺侮的巴基斯坦女讲师，一家缺资金办不下去的青年俱乐部。他乐于为那些不懂如何争取自己幸福的人打抱不平。在许多人心目中，他是英雄，看不惯狗眼看人低的人还有那些不公平的事。他不高兴了，连议员的面子都不给，拍桌子瞪眼睛，日复一日，不逼着他们把事情处理完绝不善罢甘休。为了别人的事，他写了无数封信，不知疲倦。他有着坚定的信念和昂扬的斗志，当别人已经屈服、缄默或是陷入绝望的时候，他依旧能够奋勇向前。

就在爸爸生命最后为数不多的时日里，他还跟自己曾经工作的大学较上了劲，因为他看不惯学校里的高层管理腐败。他搜集到了一个高层员工腐败的证据，包括假期出国游、裙带关系、不合理的津贴，还包括向学校申请停车费补贴，不然他就不把车停在自己家里。他把这些都写了下来，并反复找人求证过。

牵扯其中的校长不好再在台上，提早退了下来。至此，爸爸终于将他那一沓证据束之高阁，享起了清闲。爸爸晚年回到了他魂牵梦绕的苏格兰西海岸，海浪把海里零碎的杂物一波波冲上海岸，水草在海浪中摇曳起伏，狗儿慢悠悠跑在前面，海风阵阵，轻抚在他本已沧桑的面庞上。

他一步步向海的深处走去，留在身后的足迹已被冲刷干净，或许他正在回忆那些过去说过的谎言。不再有需要他帮助的人了，也不再有分散他注意力的事情，对于他这辈子没能逃离自己的事实，他再也避无可避了。

# 谎言 16：

## 她已经去了解政策了

一次一位熟悉家里情况的朋友在电话里告诉我，直到爸爸去世，妈妈才意识到，爸爸当初在第一任妻子去世之后急切地想要续弦有多么于礼不合。

"你妈妈肯定是发现了死亡证明，"朋友说，"才知道那个可怜的女人刚去世没几个月。"她犹豫了片刻接着说道，"茉琳当时并不是真的了解你爸爸。"

"我不太懂你所表达的是什么意思。"

"那就从头说起。我们和他见面那天晚上，你妈妈并不知道他是什么样的人。"对方顿了一下接着说道，"我当时觉得他在藏着掖着什么，不是那么可靠，太油嘴滑舌了。可不得不承认他非常有魅力，工作也好，但……"她又停了一下，"我敢肯定他对茉琳是有好感的，但那时候的当务之急是为孩子们找个妈妈，换了你也会这么做的。"

我把前额抵在灰泥墙上，想给自己降降温。

"孩子们没了妈妈，一直没人照顾，确实是个大麻烦。"

爸爸一家对社工十分恐惧，如果你也像他和他的兄弟姐妹一样生活在社会底层，经历过生活的困窘，见识过儿童之家和托儿所的种种不堪，我敢保证你提起社工也会发怵。他们清楚这些机构会虐待儿童，甚至会把孩子送到澳大利亚当童工。所以他们一家人宁可背井离乡逃离爱尔兰，也不愿落入这些机构的魔爪。食品银行堆积如山的爱心人士的捐赠品，对单亲父母指指点点的爱管闲事的长舌妇，还有满大街跑着的被领养后又逃出来的孤儿，所有这些都是亟待当局解决的问题。

"从小，我对社工就没什么好印象。"爸爸的一个兄弟告诉我，"我的一生只打算坚持一件事：通过拯救孩子来干掉社工。大老远我就能闻到他们身上的人渣味。如果他们来我家视察情况，而妈妈恰巧又去工作了，家里只有几个孩子，我是绝不会放他们进来的，我一般都是隔着门喊'她已经去了解政策了'。"

我们大家都想体谅爸爸当初的做法，毕竟他有他的难处。可比起我们，妈妈作为直接受害者，肯定是最难过的。爸爸隐瞒了前妻刚离世的情况，谎称她已经去世很久了。爸爸和妈妈刚见面没几个小时，他就对妈妈说了这个谎，这是他们之间的第一个谎。这件事妈妈从未和我们提及，可能她也觉得这件事性质太恶劣了，难以启齿；也可能因为我还不是她能够毫无保留推心置腹的交谈对象，所以她不能透露给我。

只要我不在家，妈妈就会把爸爸周末出差的事情翻出来争论个不休，或者是抱怨爸爸和某个同事厮混的时间太久了。妈妈也知道我如果在场，一般会站在爸爸那边替他打圆场，我甚至为此准备好了说辞："这也太搞笑了吧。妈妈你这么刨根问底揪着爸爸不放，到底在怀疑他什么？"

即便到了1995年，我的日记中还赫然写着一句："妈妈和爸爸又针尖对麦芒地吵了起来。"记得当时家里还有五个要留宿过夜的客人，他们正屈膝跪坐在地毯上品茶聊天。"快帮我说说好话吧。"爸爸给我打电话求救时说道。

"也难怪他会生气。"我和妈妈讲道。

每当我这么语气不善地和妈妈讲话时，她从未正面回答过，有时候还会把本想说的话给吞回去，我能看出她的欲言又止。

爸爸去世一年半之后，妈妈终于不再回避我的话题，向我诉说了实情。究竟是什么原因让她愿意开口，我无从得知。是那个可怕的诺福克宿营地，我们本打算度假的地方的那场暴雨让她想起了某些不堪的往事？还是我胳膊肘往外拐让她感觉心寒，我自以为是的说话态度刺痛了她？

我觉得肯定是后者，在我一次次挑衅般地质问她时，她的耐心已经渐渐地被消磨殆尽。

我们度假的诺福克宿营地又经历了一场飓风，原先丑陋的沙滩看着不再那么扎眼，这时妈妈开口说道："你爸在塞浦路斯和一个德国导游搞在了一起。我在他的集邮册里发现了一封信。他留着这封信一定是为了上面的意大利邮票。"

走到大篷车门口时，她在门上磕了磕自己的鞋，想把里面的沙子弄出来。

"你知道吗？我昨晚做了个梦，梦到我像杀鸡的时候那样拧着你爸的脖子，然后把他的头按进了厨房的水池里。"

# 谎言 17：

## 我找不到妈妈了

　　愧疚感有着近似爱的气味、触感和外表，当你对一个人怀有愧疚感，就会产生你爱上对方的错觉，但愧疚感终究不是爱。我对妈妈的愧疚感源于我自知过去对她不够好，而妈妈的愧疚感源于她觉得没能以自己想要的方式把我照顾好。

　　我联络了妈妈的朋友，想知道别人对她的评价，我想更好地了解她以及缅怀她。第一位朋友和我说："茉琳陷得太深了。"她是说爸爸给她造成了太多伤害。第二个人倒是说得直白："我都在怀疑她是否真的是我们之前认识的茉琳了。"

　　虽然大家众说纷纭，但都提到了妈妈信奉的上帝。对我来说，宗教是一个好的挡箭牌，一幕海市蜃楼。人们喜欢把命运的赌注押在上帝身上，因为上帝能印证他们的信念。对于妈妈来说，耶稣能带给她的不止这些，耶稣对她来说是生活的救赎，是可以战胜一切的力量，是让人沉沦让人着迷的存在。在耶稣面前，爸爸显得不值一提，他就像被天主教戴了绿帽子一样。他明明知道自己有一屁股风流债，竟然还觉得妈妈"出轨"基督比他还厚颜无耻，他可能是第一个把信仰上帝看成是出轨的人吧。有一天下午，我发现妈妈躲在床上流泪，她无比认真地告诉我，耶稣是她唯一可以相信的男人。

　　我的思绪随着她说话的声音飘远，我很尴尬地想起了第一次去教堂时的折磨，那次不愉快的经历使我一直对她不满。

　　每次陪她站在教堂和礼拜堂里时，我都生不如死，恨不能穿梭到其他任何地方。除了要听让人昏昏沉沉的布道外，还要忍受她唱圣歌，真的让人头痛欲裂。

可要是不唱圣歌，对她来说就不算做了礼拜。每遇到熟悉的赞歌，她不但会起立引吭高歌，还会将双手高高地举过头顶。天主教让她焕发活力，心中充满了帮助他人的热情。于是，她每周都要开车去拉纳克郡和邓加维尔少年管教所，带着玩具和食品，分发给那里的孩子们，给予他们实实在在的支持，比如帮助他们申请难民资格、联络律师、做担保，这样他们就可以暂时得到释放。有些孩子被释放后无家可归，妈妈就把他们先接到家里过渡几日。

很多人都爱妈妈，可对于我和她来说，承认"爱"这个字，真的太难了。她告诉我，在一次诊疗过程中，治疗师要她用棋子来假扮家人，然后排兵布阵一下。她把其他每个人都放在了"自己"周围，唯独到我的时候，她指指桌子的一角，把我"发配边疆"。

"就那儿。"

当我还是孩子的时候，就发现妈妈让人爱不起来，虽然我已经到了这个岁数，但这种情况依旧无法改观。小时候的我一头紫红色的头发，左眼用弹性绷带缠着，好让弱视的右眼不再"懒惰"，我这个样子虽然有些与众不同，不过还不是孩子们中最惹眼的。在妈妈的威逼利诱下，我报了简·方达健身班，她要求我节食。我不但学业成绩很差，在挑选男人的眼光上也差得不行。我不讨喜的地方很多，再加上她始终不能释怀我那未出世的两个哥哥，她对我更加心怀不满。对于那两个未出世的哥哥的复杂情感，妈妈一直压在心里，绝不允许自己吐露半个字。可忘掉他们谈何容易，一个被打掉了，一个早夭了，现在就像阴魂一样，久久无法散去。想想也是，不曾来到这个世界上的他们当然不会吃手指、抽烟，自然也就不会让妈妈失望。

我们都想得到妈妈的爱，没有人不想，对吧？ 20世纪70年代，著名的灵长类动物研究员哈里·哈洛证实，人类会不自主地亲近最早抚育我们的人，并不会挑肥拣瘦。哈洛将刚出生六个小时的恒河猴宝宝与它们的妈妈分开，并用无生命的替代物来充数。他发现，这些小猴子除了对牛奶表现出喜爱之外，也非常喜欢亲近那些充数的替代物——毛巾布、瓶子、金属线，尽管这些东西一点儿生气都没有。

我的妈妈和这几只"没娘的猴子"一样，小时候也缺少母爱，自力更生地在织物、瓶子和金属线的陪伴下成长了起来。在哈洛看来，缺少母爱的人在为人父母后，也不那么容易成为"合格的看护者"，幼年时不被爱的经历拖累了他们。

一天下午，我和妈妈在英国百货公司——约翰·刘易斯里逛着。当时我十五岁，烦恼很多，就和她抱怨这抱怨那。为了掩饰自己的体重，我从乐施会淘来了一件超级难看的大外套，虽然破烂邋遢，但是松松垮垮地罩在身上刚好，脚上穿着一双 DM 牌的鞋子，眼睛上的黑色眼线画得惨不忍睹。

逛到底层的时候，她不见人影了。我只好在卖香水的柜台左喷喷右闻闻，过了一会儿，我忍不住开始找她。我穿行在货架、衣架以及各式各样的手提包和文具架之间寻找她的身影。时间一分一秒地过去，我越来越急，步子也快了起来。她到底去哪儿了？

我不停地往商场里面张望，看着正吱扭扭上行的电梯，心想：像我这么大的人找不到妈妈时都是怎么做的呢？我假装自己很镇定，其实我根本不知道该怎么做，只能毫无目的地拖时间。十五分钟后，我正试着查看信用卡消费记录时，被一个包给绊了一下，我一看，是她。她瘫坐在"新宝贝"和"康健速"中间的地板上，满脸泪痕：

"我刚才看见了我的两个朋友，我想把他们叫住和他们叙下旧，可我不能，因为我是带着你一起来的。"

# 谎言 18：

## 他会拿着好大一把剪刀，把你的拇指切掉

小学时，我们几个小孩的圣诞节是被肖恩毁掉的，因为他告诉大家，圣诞老人根本不存在。等我为人母有了孩子之后，我清楚记得我孩子的圣诞节是被一个叫彼得的男孩子给毁了的。和大多数父母一样，我也对孩子们说谎：圣诞节的时候，一个老爷爷会穿着红色的衣服来送礼物。另外，我还谎称精灵是有牙齿的。

即便孩子们发现被骗了，也不会主动来讨说法，如果这样，就不会有礼物了，这一代的孩子真是猴精猴精的。孩子和父母都不会提圣诞老人的事，因为父母知道，不论怎么回答，孩子们都不会满意，而孩子们对此也心知肚明。我们都无法说清为何投入越多的感情和精力在一个谎言上，就越会给人背叛的感觉，即便在是否存在圣诞老人这件事情上也一样。大多数人不但不会说破没有圣诞老人，反而还会继续演那么几年，仍然往长筒袜里放礼物，备好"圣诞橘"，因为我们都希望圣诞老人真的存在。

小孩子的确容易被父母骗，但这只因为他们愿意相信自己爱的人。同时他们会在心里权衡，大概也知道父母不会告诉他们真相。所以在面对我们说的谎言时，他们就会纠结，不知道该相信自己还是相信父母。

选择信任对方要容易一些，因为说谎这个事情谁也说不清。我们会教导孩子说谎就是犯罪，有时还会因为他们说谎而揍他们。可几小时之后，或是过不了几天，他们就会听到自己的父母说谎，甚至会被要求成为某一方的"帮凶"去圆一个谎。

人们惯于让自己护佑着的人替他们保守秘密，比如不经常带孩子的爸爸或妈妈在带孩子时出了状况，他们会让孩子选择不说出真相，比如不让罗杰告诉别人自己掉进了池塘；伊荻丝把豌豆塞进了鼻孔时默不作声，最后不得已被送到急诊室。我们不仅强迫孩子靠边站，还故意离间他们与另一方的关系。这一类型的谎言出于私心，与孩子们在游乐场上的行为一样，出了状况时都是只有少数人才知道事情的真相。

父母们说的谎可能会带有威胁性。当孩子不好好吃饭，又把蔬菜挑出来的时候，有些父母就要动用"警力"了。他们会说，"再这样就把你扔到收容所"，或者"再吃手指头的话，小心'蓬头彼得'[1]拿剪刀把你手指剪下来"。心理学家称这种谎言为"工具性谎言"，表明并非出于恶意。

抚育子女并不是人们天生就会的。通常，最简单易行的做法就是照着父母养自己的方法依葫芦画瓢。如果我们小时候被欺骗得多了，那么我们自己养孩子时在情急之下也很可能使用相同的招数。要是刚上学的孩子一脸天真地问你，"为什么简的爸爸在学校哭了起来"或者"为什么芭卜阿姨摔倒了"这类问题，在这种情况下，迫不得已还是说个谎圆过去最简单省事。毕竟有些真相不太合适向孩子们说出来：简的妈妈和一个不断向她献殷勤的五年级孩子的爸爸有些不清不楚；芭卜阿姨摔倒是她喝酒喝得太多了。为什么我们不能直言真相，而要选择说谎呢？很多人说我们是为了守护"童真"，因为这些真相对于不满十六岁的孩子来说信息量还是太大了。

出轨就是在这种"真相"的保护伞下滋生蔓延。57%的男人和54%的女人承认在他们的一生中是有出过轨的。我有过，或许你也一样。这是两个成人间的背叛，不太光彩，就没必要告诉孩子了，就算说了他们也不会理解，况且对他们也产生不了什么有益的影响。出轨这个行为只是冰山一角，背后潜藏着更深层次的问

---

1　《蓬头彼得》一书中的人物。

题，要是和孩子提起这个事，难免拔出萝卜带出泥，这是我们大人极力想避免的。

避而不谈是大人们最喜欢做的。可是道理也不是避而不谈就能遮掩过去的，就像一部令人拍案叫绝的小说一样，剧情往往是由人物的行为展现出来的，而沉默只是暂时的，甚至有些"此地无银三百两"，按图索骥总能发现什么，比如每天早晨一位成年人坐在沙发上，而另一位在鬼鬼祟祟地翻对方的短信。这个场景背后的故事孩子自然是不敢开口问的。

在沉默的环境中，我们是无法把某些话题提到桌面上的。我们经常利用这种有利形势让自己逃之夭夭，而这种形式的欺骗是天主教所默许的。"内心保留"这一教义源自圣·奥古斯丁的信义——保留真相不算欺骗。"内心保留"既满足了"不说谎"，又保守了秘密，即便背后的真相是天主教最不能容忍的那一类。比如，爱尔兰高级神职人员称他们协助警方联手调查关于儿童的犯罪指控，调查过程中他们确实没有说谎，但他们有保留地讲述自己所知的真相，并没有把真相和盘托出。

而在出轨这件事上，忠贞的一方或许会选择不告诉孩子，从而起到"保护"的效果，但实际上他们是不想成为那个捅破窗户纸的人。与其被孩子贴上坏人的标签，还不如对别人的"作奸犯科"只字不提，耳根也落得个清净。这样想来，一直忍气吞声的妈妈也是可怜。

妈妈信奉的是新教，其牧师与天主教的神父不同，是不可以宽恕罪恶的。即便如此，妈妈还是与一个深谙奥古斯丁信义的男人同床共枕了那么多年。爸爸清楚地知道，只要天主教教徒能撑到神父来施行临终圣事，那么不论他之前做过什么十恶不赦的事，天堂也一定在不远处等着他。实际上，他也异常想要获得如此宽恕和赦免。每周一晚上，他都会撺掇妈妈的圣公会[1]牧师，以后来给自己施行这种临终圣事，以求获得最终的宽宥。临终圣事就好像你宣布

---

1 圣公会是和天主教差别最小的一种新教。

自己已经破产，但你的房子和车子还不用拿去抵债。

也许我的看法有失偏颇，但到头来爸爸还是不相信我们几个子女能接受真正的他，尤其是我。他说了很多谎，为的是不让我失望。他知道我想要什么，比如一直跟我说穿着红衣服派发礼物的老人是真实存在的，他当然也知道我想要的父亲并不是他这样的。

## 谎言 19：

### 爸爸被带走了

那一年是 1962 年，爸爸二十八岁生日的那周接到一个电话，电话那头说他的父亲——迈克·道尔还健在，而且刚刑满释放。至此爸爸的父亲已经整整二十四年音讯全无。老迈克去世是在 1986 年 12 月 14 日，那天清晨他在安特里姆郡的一家疯人院窒息而亡。

迈克·道尔生前是一名灯塔守卫。据说他在爸爸还不满四岁时，病倒在了爱尔兰北海峡的少女灯塔上，周围大海茫茫，怪石嶙峋。祖母洛丝说，当时狂风骤雨不歇，心急如焚想要去救人也无法登岛，等到天气好转能登岛时，已经是好几天之后了。

迈克在那一场风雨中失踪了，祖母每次说起来都用"爸爸被带走了"来暗示他已经死了。

"上学时，总听到这样的说辞，"爸爸告诉我说，"'被带走了'意味着被天使护送到了天堂。我的脑海里一直都是爸爸被天使护送到天堂的画面，因为他是个不错的人。"

距离 1962 年那通电话又过去了二十四年，爸爸在达特福德又接到了一通电话，电话那头说他的父亲已故，葬礼在第二天早晨，地点在罗西斯波因特的斯莱戈，那里位于爱尔兰西海岸，距贝尔法斯特有三小时的车程。

大多数爱尔兰人把死亡看得和出生一样重要，所以要是葬礼没人去送迈克，就太不成体统了。祖母肯定缜密地思考过，当老迈克的葬礼来临，她和孩子不得不出席时，该如何应对当初撒下的谎。其实不管怎么说，"被带走"不能算是彻头彻尾的谎言。

祖父的葬礼在爸爸的笔下被提及了三次，虽各有侧重，但都提到他听到死讯时的震惊以及爸爸第一任妻子帕特由此产生的愤怒："你妈妈无权对你们隐瞒，让她的孩子就那么长大结婚生子，却对自己的父亲一无所知。"

这句和其他更早一些的话都是爸爸亲手写出来的，他的字在活页纸和赫瑞瓦特大学的测验本上显得非常大气好看，这些"作品"后来被他藏在了阁楼里。

"作品"中第一次提及葬礼时，他在机场和一名女护士搭讪，想转移自己的注意力，好不再去想自己的妈妈竟然对自己说了谎。后来他去了那个女护士家，打开心理防线跟她探讨了不止二十四个小时的人生。

第二次提及葬礼时，主人公在他妻子的葬礼上吃了一场令人窒息的晚餐，他就那么痴呆呆地坐着，虽然晚餐很丰盛，他还是感到"空虚"。这让他想起了他父亲去世时的那种悲痛，他形容说，就仿佛一只气球在他的喉咙里面渐渐膨胀，上下刮擦着挤压着。

第三次提及葬礼时写得最多，他和他的兄弟驾车行驶在爱尔兰的乡村公路上，一路上羊群和旧拖拉机络绎不绝地与他们擦身而过，出席葬礼迟到是一定的了。他们从车上跳下来，一路小跑着往教堂赶，这时已经能看到他们的妈妈了。她站在棺材前，举着拐杖像枪一样指着他们。接着的一句话只写了一半，空了三行后，在纸的正中间写着这么一句话，或许是为嘲讽，她这样说道：

*他所经受的炼狱正等着你。*

翻遍爸爸的便笺簿和散装页，我在一个长篇故事中读到了一段回忆。里面的小男孩十二岁，孤零零一个人在家，四处找着铅笔和细绳。梳妆台的每个抽屉都塞得满满当当的，有些物品还卡在抽屉缝中间。小男孩实在无计可施，就先把一个抽屉里的东西都倒在了地上，于是发现了医院来的信件，上面写着他的父亲精神不正常。

"……纯粹是无稽之谈嘛，简直比死亡还要遥远。我草草把东西收进抽屉里，就离开了。"

男孩走下利斯河，他在堤岸边做了一个决定，要把他的爸爸从自己的人生中抹去。

"比起让我在成长过程中为他担忧，接受他已经死亡的事实，要稍微容易一些。我的妈妈或许就是考虑到了这点，所以她说他已经死了是再明智不过的了。"

他对这个谎言的感情，也许与其说是对母亲的愤怒，不如说是对童年决定的悔恨。他为自己在得知母亲谎言后的自欺欺人感到羞愧，因为他发现无法从母亲的谎言里为自己的谎言辩驳。

# 谎言 20：

## 我不会哭的

我们搬到新家的时候，艾德五岁，我七岁，各有各的卧室。一个周六晚上，看完《警界双雄》之后，我偷偷溜到了他的卧室。我还没爬到他跟前，他就跟我说："不要怕，电影里面的血其实都是番茄酱啦。"我只有在艾德那儿才感觉安全，我觉得自己就像家里的猫一样钻进艾德的羽绒被，左挠挠右抓抓，或者悄悄地躲在睡袋底下，不知道羽绒被有没有被顶个小鼓包。

埃德里安的女友很怪，皮肤灰蒙蒙的，黑如墨的长发如瀑，直得不像话。肖恩在学校里不好好念书，整日里撩猫逗狗，闯了不少祸，我近来在帮他对圣诞节演出的台词。我依旧不会看表的时间，爸爸对此已经失去了耐心，他把我举上肩头大声吼我，让我好好看看厨房的时钟。然而这种方法并不奏效，反而造成了我的恐慌，别说区分哪个针是哪个了，就连三点在前还是四点在前我都分不清。唯一能确定的就是我还是不懂为什么六点既是时针走个半圈又是分针走个半圈的地方。

实在是抱歉。

如果我能再聪明些，爸爸也没有那么暴躁的话，或许我就能学会看时间，这样他就不用气得把两片嘴唇咬得死死的，也不用指着鼻子骂我，更不必抽出皮带打我了。肖恩应该是被抽次数最多的了。如果我们能再稍微乖一点，妈妈也就可以精神好些，不用整日窝在床上。

放学回家后，我发现她躺在床上，绿色的饰有花朵的罗兰爱思窗帘紧紧地拉着。她和我说睡觉能让眼睛不再干涩，让我不用担心她，她一会儿就起来。

艾德是我唯一能信任的人，他很会用"电影里的血都是番茄酱"之类的话来安慰我。他不怕黑夜，更不会辗转反侧地强迫自己睡着，他总能自然而然地进入梦乡。待在他的身旁，我也可以安然地接受黑暗了。我唯一希望的就是不必非得等到周六，还要打着《警界双雄》的幌子才能来找他。

那一年圣诞节，我们得到许诺，会买一棵足足有八英尺（约为2.44米）高的圣诞树，圣诞老人送来的礼物会堆满楼梯，晚餐会有六道菜。这种反常的情况就像爸爸意识到自己之前做得不够好，要补偿我们一样，也许是他想给我们留个好印象，不然他离开后，我们记得的都是他的不好。

当然他目前还不会离开。我们姐弟俩正在他房里趴在地板上数钱。一对儿沉甸甸的陶瓷小猪存钱罐立在那儿。我很爱我的弟弟，所以什么都想让他和我拥有一样的，这还不算，我甚至央求妈妈让我们穿一样的圣诞服装。我特别希望我们什么都能一样，最好看上去像一个人。我们把一便士和两便士的硬币分别码放在棕色的地毯上，十个一摞，最后地上盖满了铜币小塔。我们算了一下，然后发现两个人的财富不相等，我多一枚两便士的硬币。我可能太蠢了，没意识到只要给他一便士就好了，又或者是当时我太小气了。不过肯定是我出的馊主意，我们打算去偷肖恩的。

肖恩从学校排练回来后，发现了我们的小动作，并且识破了我们的谎言。

"你们翻过我的抽屉了。"

我们没过多久就编不下去了，承认拿了一枚两便士的硬币。

"我们还给你。"

"不用了，我要告诉爸爸。"

"行行好，给你，快拿着。"

"不，我要告诉爸爸，你们两个小偷。"

"几个兔崽子又怎么了？"爸爸在楼上吼叫道。

"没什么。"我们回应道。

但这是不可能的，没过一会儿，肖恩就在楼下把这件事向爸爸捅了出去。

爸爸有一条特别粗的皮带，我之前见过，但还没试过它的厉害。可现在我和艾德谎也说了，钱也偷了，一顿皮带之苦算是躲不过了。我们跟在爸爸身后到了装有罗兰爱思窗帘的卧室，这一路上艾德已经哭起了鼻子。

后来我被单独留在卧室，爸爸弯下腰时，我对自己说你不能哭。我隔着门听着艾德的动静。我不会哭的。

# 谎言 21：

## 我没偷看"巴尼"

有的谎言无伤大雅，有的却天理难容，要想将这二者区分开来，没有非常手段是万万不行的，而有些人还真不行。我们开口说的第一个谎言都是"恶"的谎言，这就证明我们都处在同一起跑线上，那么为什么有的人具备了上述能力，而有的人不具备呢？这就要说到大脑的发育了。

儿童在三岁左右开始说谎，而且他们一旦掌握窍门，到小学时就完全刹不住了。实际上，学说谎是我们学会吃饭、走路和说话之后的又一个必经的发展阶段。可以毫不夸张地说，要是还没学会胡说八道，那就还没发育完全。

地毯烧着那会儿，艾德还没发育到这个阶段。他之所以成为突破口并不是他出现了什么失误，而是他还太嫩。为了说谎，我们必须有意识地掩盖真相，这属于故意的认知行为。当身处两难境地时，我们有两种选择：做正确的事，或是错误的。

有些科学家的研究领域非常稀奇古怪，他们发现，能够很好控制膀胱的人，其说谎能力也差不了。显然，"抑制溢出效应"——通俗来讲就是保持自己处于临界状态，能够给予我们必要的专注力去施行骗术。但我在想，说谎是不是和后天习得的手段更有关系呢，不然为什么每次和爸爸说谎，我都有一种急切地想要小便的感觉？

新皮质是人脑在进化过程中出现得最晚的大脑皮质，占总皮质的76%。新皮质即灰质，它有着大量的皱褶，并覆盖着大脑的其余部分。它控制着人类的空间推理能力、意识及语言活动。神经科学家认为，它的容量使得我们可以想象另一个人的观点，或者像心理学家说的那样，让我们可以形成心智理论[1]。当我们蠢蠢欲动想要说谎的时候，这种能力就要派上大用场了。还在发育阶段的儿童要先行理解的一点就是，自己的意识只存在于自己的脑子里，如果自己不往外说，别人是不可能知道的。还要知道这世界上有真理就有谬误，总是一正一反。再然后是考虑听众，他们想听什么？最后要预判说谎可能会出现的结果，在带来好处的同时，又有哪些风险存在，要在其中权衡一二。

对于肖恩来说，完全不会有这些顾虑，因为当挨打成了家常便饭（说谎也是打，说真话也是打），何苦要诚实呢？赌一把说不定能逃过一劫。在我们家，做什么都能点燃父亲的熊熊怒火，不论是说谎、偷东西，还是毁坏地毡，做什么下场都一样。对我们所有人来说，包括埃德里安、肖恩、艾德和我，不会点儿说谎的把戏还真活不下去。要想从魔掌底下逃脱，唯有魔高一尺、道高一丈，不断提升自己的说谎水平才行。这也是我们几个一直在修炼精进的。

话又说回来，在任何年龄层，说谎都不是件容易的事。年幼一些的孩子会出现数个谎言之间缺乏连贯性的情况。只有到了七岁，儿童才能较好地避免语义上的漏洞，将故事编完整，编得像样一点。例如，一项研究发现，孩子年龄不同，他们在偷瞄玩具恐龙巴尼后又假装自己没看时的举止是不一样的，给予实验人员的回应也是不相同的，这也从侧面反映出他们的说谎能力各有差异。当被问及"那个玩具怎么样"时，两岁的孩子会马上用"巴尼"来起句回答。一个五岁的孩子则回答说："我可没瞅它，但感觉上是紫色的，所以应该是紫色的。"而七岁的就技高一筹，让人没法不相信他确实没偷看巴尼。

从三岁开始，大部分的孩子就知道说谎是不对的了。但他们还

---

1 指个体理解自己与他人的心理状态，并借此信息预测和解释他人行为的一种能力。

是会说谎，可能是因为看到自己的父母也在不停地说谎吧。"对不起，还得再等等，交通状况太差了。"一方可能会这样说。可坐在后座的人心知肚明，是他把结婚纪念日给忘了，现在不得不急着去买应急的鲜花。

心理学家多萝西·罗威认为，我们会对自己是什么样的人有一个把握和感知，当这种心中的自我认知受到威胁时，我们就会拿谎言来捍卫它，绝不允许它有半点儿损失。"交通状况差"这类谎言每晚都会从无数人的嘴里说出，好把他们白天因为迟到失掉的面子找补回来。如果父亲或母亲对六七岁的女儿说"交通状况太差了"，所以没来得及帮她找到丢的那只鞋，孩子会认为他或她更值得信赖，因为一个为了他人利益而说谎的人在道德上更容易被认可。反观那些为了一己私利而说谎的人，他们只会遭到鄙视，不可能得到道德上的认可。即便是在六岁的孩子看来，"自私自利"也不是什么好词。

# 谎言 22：

## 得给他点颜色看看

"我爱你"这三个字，肖恩总是不离口，在励志书的灌输下，他觉着它们有着非凡的意义，因此要多说。他对我说的时候，照理来讲，我应该也回他一句"我爱你"，但我内心里还是有些挣扎。我当时脑子里唯一的想法只有："我们并不知道这句话意味着什么。"

在日常生活中，"爱"是三明治里的那片面包，信件开头的那声"亲爱的"，也可以被用来艳羡外祖母的那条新裙子。"我爱你"这句话我已经很多年不曾开口讲过了，因为我觉着如果拿爱来说谎，那就玷污了"爱"这个词的贞洁与高尚。

也正因此，我们当时都怀着赤子般的虔诚坚持着，只要生命还没被死亡蚕食掉，就竭尽所能不让自己的爱染上世俗的尘埃。

死亡的阴影一点点笼罩了过来，爸爸知道再不说就来不及了。他在生命最后几个月里，我已记不清是在哪个具体时刻，他将这三个危险的单词串在了一起，但我能明显感觉到他说这些话时的别扭。我只记得在南部综合医院病房内，光线透过窗户照进屋内显得有些昏暗，爸爸艰难地站起身来跟我讲道："我爱你。"我知道他说出那三个字是因为他认为他应该说了，而我也尽力倾听着，我相信他已经意识到他是爱我的，虽然他的爱都是以他自己的方式给予的，但这已足够。

不过对肖恩来讲，这在绝望中说出的词却让他听得浑身难受。就他和父亲的关系来说，"我爱你"这句话他早就不信了。在他听来，爸爸的那句"我爱你"苍白空洞得没有丝毫的真情实感，说出来只是为了得到孩子们的回应罢了。

在这之后，肖恩揪住这个不放，一遍遍地带着怒气问我："你真的相信他爱过我们吗？"

"爱？当然相信，"我这样说道，"他确实有这么做过。"

这么回答肖恩是因为我只能这么答，实际上我对自己的回答并不是那么有信心。

后来我在爸爸的遗物中发现了一份肖恩的领养文件。没有任何影印的东西，横线纸上全是他用蓝色圆珠笔一笔一画手写上去的。誊写这么一份翔实的文件一定耗时良久，而且从圣恩修女会找出这么一份文件也一定费了不少劲。这种给肖恩记录成长点滴的行为难道不正是爱的表现吗？

肖恩的母亲在二十岁的时候生下了他。她的父亲曾在战争时期赴法国服役，还被授予了大英帝国员佐勋章。据写这份报告的人说，肖恩的母亲能说一口流利的法语，是个"可爱娇小，胆子也不大的女孩"。"她一开始是想把孩子留下的，但后来觉得自己养太难了，对婴儿的成长也不利。"

1962 年 11 月，肖恩的母亲乘坐三点二十分的火车到了查令十字街，她多么希望车站能有个熟人可以见上一面，她不想孤零零一个人待在伦敦，想想都可怕，关键还要独自搭乘公交车去医院。

几周后的节礼日当天，肖恩在温布尔登的圣特瑞莎妇产医院出生了，因为是早产，只有四磅十一盎司（四斤多）重。出生四周后，又不幸患上了"严重的链球菌败血症"，恢复的过程也很缓慢，直到 1963 年的 5 月才出院。

脑膜炎研究基金会称婴儿的大脑非常脆弱，所以婴儿患脑膜炎要比年纪大一些的孩子更加危险。新生儿罹患败血症，情况就更加凶险，而不足斤的婴儿很大比例上会出现"不良结果"，尤其是在认知功能上。肖恩的领养便签上写着："他婴儿时期的发育不良很可能与感染有关。"

肖恩，如果生在现在，应该会被诊断为阅读障碍、失语症，但是在 20 世纪 60 年代和 70 年代，他就被认为是太懒、不爱学习。父母都会错误地认为你不给他点颜色看看他就不会好好学习。爸爸从领养文件中抄录的最后一份信件是肖恩的妈妈给圣恩修女会写的一封信，时间是 1963 年的 5 月。里面表达出了她作为一个母亲的忧虑，她希望有人能领养自己的孩子，然后把他抚养成人。同时她再次向修女们表达了谢意，感谢她们的善行义举。她说要是能"知道孩子被好心人领养了，这家人会无私地爱他，给予他更好的人生"，她也就可以放心了。

# 谎言 23：

## 心善会交好运

　　时值夏日，但那天阴云密布，一场雨是在所难免了。我们开着一辆标致旅行款的车，行驶在 A1 公路的盘山段上，前往边境。

　　我和妈妈、艾德、肖恩打算去南边探亲——到舅舅和舅妈那里走动一下。舅舅理所当然地继承了外祖父的财产，而妈妈的婚姻却一直让人提不起气，尤其是在这种天气里还要在 A1 公路上开车。她熬不住了，甚至不想再坚持这段错误的婚姻了。

　　车子驶过特威德河，诺森伯兰郡的群山渐渐被甩在了车窗后。此时肖恩已不再故意逗我们发笑，但车内大家各怀心事，一点儿也不融洽，艾德和我只好朝外边的货车司机挥手打招呼，想看看会有多少回应。后备厢叠放着几个棉睡袋，它们之前在野营时被雨水浸湿了，之后就被扔在了阁楼里，所以现在散发着霉味，外加脚臭味。我们一会儿老老实实坐在后座上，一会儿又跳溜到座位后面的后备厢处，那儿十分宽敞。

　　艾德和我一直努力表达善意，就像其他人相信心念上帝可以得到救赎一样，我们相信善有善报。回到爱丁堡之后，我们去了苏格兰国家博物馆，鉴于我们一路上很乖很听话，妈妈放心地把我们留在了一层，她自己去了楼上的艺术品展览室。我们默默地在景观鱼池边等她，看着里面橙色的鱼儿们往来游动。

　　肖恩根本看不惯我们这种自欺欺人的行为，他一直都是想怎么来就怎么来，嬉笑怒骂全看自己心情，况且"乖"也不会让他得到什么甜头。他滑稽起来能让人笑掉大牙，可讨厌起来也真是恨得人牙根痒痒。他是我们的小丑，我们的折磨者，我们的知己，我们的傻瓜。可他总归不是我们的一员。

但这没什么，我们是平等的。父母反复这样教导我们，他们给予我们的爱是一视同仁的，不会厚此薄彼。肖恩经常挨揍不是因为和我们没有血缘关系，只是因为他自己顽劣。

就拿这趟来说，没了能唬住他的爸爸，他可真成了山大王，要多损有多损。在坐哪儿的问题上，他霸着靠窗的位置，一点儿也不让着我们；玩石头剪刀布时，他不仅要心机，还专门舔过手指后再抽我们的手腕，还要抽手腕内侧；他还对我们的肚子动了手，专戳最柔软最痛的地方。

一路上，我预感到可能在彼得伯勒以北的某个地方会有事发生。不知道是什么时候，我们开到了史高斯角，打算进高架服务站。匝道向上攀升通向加油站。挡风玻璃被大雨弄了个大花脸，艾德和我依旧在放行李的后备厢玩。

有两次我问肖恩那天下午的情况，他都转移话题讲起自己经常被毒打到尿裤子的事。他很不情愿提起那天，一直不肯松口。我问他只是想知道他当时到底多少岁，因为不论我怎么计算，都无法得出肖恩那时的年龄，他那时应该还不大。

"她给了张纸让你写吗？"我问道，我唯一记得的是那个搭顺风车的标志。

"她没有给我任何东西，没有给我钱，什么都没有给我。我也什么都没有做，她只是叫我下车。"

我的父母从来说一是一，不会装样子吓唬我们，史高斯角的那个下雨的下午就是绝佳的证明。

妈妈冲着后视镜尖叫着，把车停在了车场里，然后把肖恩从车里揪了出来。当时暴雨如注，噼啪地砸在车窗上，从车里面看，她的身影有些晃动和变形。肖恩耷拉着脑袋，双手插兜，原先乱蓬蓬的头发现在都湿漉漉地贴在他脸上。

我的胃一阵绞痛。

　　她裹风挟雨地朝我们走来，猛地拉开后备厢的门，凉气嗖地一下灌满了整个车。雨顺着门全打在了睡袋的边缘，我们脚边敞着的行李箱也灌进了水，妈妈的眼泪也"吧嗒吧嗒"滴落了进去。她边哭边一股脑儿地把肖恩的东西塞进一个塑料袋里。我往身边抓了抓自己的东西，这时她才注意到后面有我们俩在，于是让我们递支毡头笔给她。她又从我的涂色书上扯下一页，用那支绿色的笔在上面写了起来。

　　写完后，纸湿答答的没个样子，妈妈在肖恩衣服胸口的位置把它塞了进去，然后"砰砰砰"地关上了所有车门。回到驾驶座后，她捣鼓了半天变速杆和转向灯，可能是有些失灵。雨刷一次次来回摆动，前挡风玻璃随着雨刷的摆动变得清晰，瞬间又被雨水覆盖变得模糊，如此循环往复。

　　她当时肯定很想踩了油门立马走人，但她还是迟疑了，而且不小心挂成了倒挡，车子轰鸣着退下了匝道，又进了A1。我看着肖恩逐渐缩小的身影，我和艾德朝他挥手，他让我想起了迷路的帕丁顿熊[1]，只不过肖恩没有帕丁顿熊那块用秘鲁语写着"请照顾这只熊，谢谢"的牌子，我想即使他挂了牌子，也是写着"爱丁堡"。而且肖恩手里提着的也不是帕丁顿熊那只装满果酱三明治的皮箱，而是一个塑料袋。

---

1　电影《帕丁顿熊》中的主角。

# 谎言 24：

## 有一天，你会住进那座洋房

　　到 1977 年，我父母的婚姻一直处于特殊期。为了掩盖事实，妈妈坚持要我们继续每个星期天回帕斯郡和帕特森庄园，即使到最后都是不欢而散。每次回去都相当于给爸爸念一次紧箍咒，提醒他妈妈嫁给他受了多大委屈。

　　外祖母结婚时同样也是太看轻自己，一心只想着等婆婆去世，她就可以住进那栋洋房里，或许这也是她同意嫁过来的唯一理由。可没承想她的大儿子一长大成人就要求继承财产，对房子宣示了主权，他在里面养了几匹精力充沛、脾气暴躁的设得兰矮种马。没办法，外祖母和外祖父只好挪进里面一个不大的新房子里凑合。

　　洋房的每扇窗户都有金属百叶窗帘，这在 20 世纪 70 年代早期是再时髦不过的了。昼夜轮转，阳光在百叶窗上移动，屋里明暗交替，别有一番景致。每天清晨，打开百叶窗，在金属清脆的碰撞声中，洋房迎来曙光；每日傍晚，在百叶窗拉下时那巨大的声响之后，洋房将在黑夜中沉沉睡去。楼上走廊两端各有一间屋子，里面各有张单人床，外祖母和外祖父各睡一头。走廊中间是客房，里面同样是单人床，一躺上去整个人都会陷进去，就好像床把你吞了一样。艾德和我经常睡在这儿，但妈妈只住过一次，记得是在 1977 年 9 月我们被迫成为"难民"的那周。

　　我的生日是在 8 月份，吹灭蛋糕上九根蜡烛时我许了一个愿："我想要飞起来。"巧克力蛋糕上还点缀着聪明牌的彩虹豆。因为太矮我够不到蛋糕，于是踩在了一个廉价的松木小凳上，站在上面还有些摇晃。松松软软的蛋糕被尖刀切开的那一刻，我闭上了双眼，或许我当时觉得仅凭上下晃动双臂，就能像鸟儿那样飞翔。现在想想，这样的生日愿望简直可以说是异想天开，自己真的是白白浪费了一个许愿的机会。不过爸爸当时已经接受了一份在沙特阿拉伯的工作，我们还是要坐飞机飞去的。

因为是工作原因去当助理教授，所以爸爸可以理直气壮地和妈妈说他要离开。在此之前，每每遇到这种外出情况，在跟妈妈坦白时他都会感到压力巨大。爸爸已经提前给肖恩找好了寄宿学校，把埃德里安安顿在了爱丁堡的公寓，埃德里安还有一年就毕业了。没了后顾之忧，爸爸马上申请办理了单身签证和单身宿舍，然后买了单程票，飞去了达兰。

这个谎言就像祖母对他说的那些爱尔兰谎言一样，也是保留真相，刻意把受骗者蒙在鼓里，让人以为确实是这么一回事，其实真相往往与此南辕北辙。当妈妈知道爸爸要去沙特阿拉伯时，以为她也要跟着爸爸一起移居沙特。她大张旗鼓地打包收拾，辞去爱丁堡乳制品厂的工作，纠结是否要剪掉我们衣服上的玛莎百货吊牌（这个品牌当时在沙特被禁），爸爸也没有阻止她。8 月末，妈妈甚至把房子租给一个夏威夷来的牧师。因为只打算带三个行李箱，所以她一直担心要怎么在沙特开启新生活。直到临出发时，爸爸还是什么都没说。9 月的第一周，邮筒里却只收到爸爸一个人的签证。爸爸随意编了个故事，一股脑儿把所有责任都推到了沙特的头上，说它没批妈妈的签证。两周后，他拎着一个箱子一个人去了机场。

就算是说了真话，别人也不会怎么着他，他反而能获得自由，妈妈也大可不必收拾那么久、操那么多心，可他却选择了谎言。我相信爸爸不是有意说谎的，但是每到关键时候谎言还是会占据上风，不知道爸爸有没有为他说过的谎言后悔。爸爸曾经教过工程制图学，他会给学生撰写注意事项，起头都是"请仔细阅读，与成绩相关"。在一些存稿的最后，他用铅笔写了"后记"，所涉及的故事要追溯到很久以前。

故事的主人公是 J 先生，他正饶有兴致地浏览《星期天》杂志的增刊，上面登着一篇题为《家庭男性成员失踪一年仍未找到》的文章，他时不时还会停下来思索一番。文中失踪男性的妻子 M 女士，接受记者采访时说，她认为自己丈夫消失的唯一原因是"失忆"。对此，J 先生认为："如果试图忘记（此处为爸爸的强调）等同于失忆，那么她说得对。"

爸爸说的小谎开始不起作用了，他为此甚是苦恼。关于沙特的这个谎言，除了他在填学校的入职调查表时，把婚姻状况那一栏勾上了"单身"外，其他的部分都是不显山不露水的那种。他这么选倒也算得上诚实，算是他的无声愿望，但这并不能对妈妈起到什么提示作用。直到他去世后，妈妈才意识到沙特事件的本质是爸爸要逃离她。

爸爸或许也有动摇，当夏威夷的牧师来租房子时，他提出让我们几个多在家待几天。我们三个早已兴冲冲地做好与过去道别的准备，打包好了三个棕色人造带扣行李箱。这下没了签证，只能去帕斯郡和外祖母外祖父住一起了。不知道见到这样失望的我们，他远走高飞时的底气是否还是那么足。

外祖母和外祖父有一定的生活习惯，他们住的那栋洋房也就勉强够满足他们的生活需求。餐厅和厨房间有个传菜口，从外面很方便调配里面的用人谁干什么谁不干什么。1930 年那会儿，用人数量怎么着也有一个排，此后人数逐渐减少，到麦格雷戈夫人在这里帮工时，只需要工作日的十点到十二点来工作就行了。这下外祖母和外祖父在早饭的时候只能自力更生，那场面好不热闹，什么盘子、碟子、水煮蛋都是从传菜口推出搡进的，还得把两种橘子酱（其中金思蒂牌的是外祖母的）和两罐燕麦饼（外祖父喜欢厚的）从厨具柜里拿进餐厅。之后他们各坐在桌子的一端，沉默地享用完自己的早餐。1977 年 9 月和 10 月我们挨过的那几周里，外祖父涂橘子酱时有问到签证和飞机票的事，除此之外，他再没提过爸爸的名字。

谁是婚姻的逃兵，外祖父一看一个准。我后来才知道，我的外祖母，多萝西·简，也曾策划过一出类似的逃跑。

外祖父的左半个身子因为小儿麻痹落下了残疾，这种病症无时无刻不在折磨着他，就像身上穿着的衣服一样如影随形。他走路要费很大的劲来带动左腿，非常笨拙；左手手指抓在一起，局促不安地放在一侧。

外祖母一直相信"人定胜天"，她从不觉得自己的人生受命运的辖制，她讨厌做事情时被别人指手画脚。在玛莎百货的三明治还是漫天要价的时候，她就跑去买，她是我唯一见到会这样做的人。买来后，她把它切成四块，然后包装成自己的牌子往外卖。每周她都要去做两次头发，坐在烫发机下的她很乐意遭这份罪，腿上还摊平放着《时尚》杂志。

虽然外祖母对其他人都不冷不热的，但她的确很宝贝我，而且会直言不讳地向我表达她对我的喜爱，这是我没有想到的。一封她寄到我学校的信里这样写道："来看看外祖母，在我这里住上几晚，陪我聊聊天，我感觉太孤独了。"

那个在外祖母家"逃难"的秋天，我尽可能不打扰他们的作息，但怎么说我们也是大活人啊。房子不大，所以只要楼梯下的电话丁零零响起来，势必引得全屋子的人注意。更糟糕的是，房子里的楼梯井更是助纣为虐，每次通话都经过"烟囱效应"的放大作用传得满屋子都能听到，包括妈妈每次给沙特大使馆去电话时的绝望，还有她千方百计和爸爸通上话时极力克制的愤怒。

一天早饭后，艾德和我很知趣地从餐厅退了出来，对我们来说，漫长的一日又要开始了。过一会儿外祖母会开着车去镇上侍弄自己的头发，她和发型师约了一个小时的时间。妈妈会趁着这个家里少了一半听众的时机给大使馆打电话。

艾德一想到一会儿还得听妈妈打电话，便索性躲到屋子外当"弼马温"或爬树去了。我踮着脚上了楼，一心想着蜷在床上看《圣克莱尔的奥沙利文双胞胎》，里面最调皮的艾莉卡因为别人举办午夜宴会，刚把他们举报了。

我刚踩上最后一级楼梯，就听到外祖父在卧室的电话分机旁跟他的赌注登记人发牢骚。

透过备用卧室的窗子向外看，太阳还没升多高，在灰突突的枝丫中显得那么单薄和苍白，秋天的日子总是那么阴沉冷寂。阳光透过玻璃更显昏暗，花园之外的田野黑黢黢的，显然已被人犁过。这时我注意到了躬身趴在床上的妈妈。

绝望成了我和她之间巨大的鸿沟，那时的她是那么陌生和孤单，而我无法安慰她。我悄悄退回走廊，但眼睛还看着窗外。

直到现在，那黢黑的土地，还有弥漫在空气中的那种焦虑感和悲伤之情，还久久萦绕在我脑际。

# 谎言 25:

## 他们死缠烂打地想让我再要个孩子

世上最坏的谎言莫过于那种精心布局，又做得滴水不漏的了。如果撒谎有刑可判，家里最偏心眼的外祖母，怕是要关在监狱里一辈子。

我很清楚外祖父不是她要嫁的人，可她又没得选。如果你不刻意在伦敦社交季中大出洋相，是根本不可能遇到外祖父这号人的。

种种说法都表明，外祖母和她的社交监护人有过那么一段风流往事，这名监护人并不是通常那种严厉又多事的老婆婆，而是一位充满活力的年轻鳏夫。如此一来，其他千金小姐就认为外祖母倾心于他，其他男人一概不入她的法眼。社交季过了好些时日，她依旧流连在他温布尔登的家里。时间一长，就算是假的也已经传成真的了，她嫁人这个事还真成了个麻烦。

直到快三十岁的时候，外祖母才成婚。对方名叫帕特森，是法夫郡的工厂主，典型的暴发户，身体因小儿麻痹留有残疾，一心想着娶妻过日子。在他们还没结婚时，他经常给外祖母写信，最后一封是在 1938 年 7 月 18 日写的，里面表达出了他的担忧，怕满足不了外祖母对婚姻的期待，还担心婚礼会出什么岔子。信上这样写道："我现在稍稍有些紧张……不知道周六晚上会怎样，我估计咱俩都会很疲惫吧。"他在结尾这样写道："亲爱的，我很爱你，我多么希望现在就办完婚礼了啊。"

关于那个监护人的种种被重新提起，是因为妈妈对自己的身世起了怀疑。这是我无意间听到的，但当时我并没有仔细听下去，那时我十六岁，有着一堆自己的烦心事：新学期我想有条芙蓉天使牌的牛仔裤，可我买得起吗？就算有钱，我能抢得到吗？就算买下了，可穿不穿得上呢？

妈妈一直有种感觉，她不是她爸爸亲生的，而她爸爸的遗嘱坐实了这一点，她分得的财产少得可怜。

从外表来看，多萝西和伊恩·帕特森的第一个孩子，我的舅舅，他毫无疑问是亲生的，大嘴唇，憨憨厚厚的，最关键的一点是他像外祖父一样拥有一头黑发。我的妈妈却是红头发。

只有 1% 到 2% 的人是红头发，孩子要是红头发，那么父母必须都有突变的 MC1R 基因，它主要负责人的色素沉着。《自然遗传学》引用的数据表明突变基因的携带者在黑色或棕色头发的人中还不到 20%，而在具有良好晒黑反应的人中不到 4%。外祖父属于这 4% 吗？

外祖父那个时代还没有基因技术，但他心里清楚自己的孩子不会是红头发。妈妈出生之后的一段时间，外祖父给外祖母的信里说到他不想看到自己的孩子"长着红头发"，虽然他曾很大度地说过："长什么就是什么吧，不要太紧张。"

外祖父知道，这个绿帽子他一时半会儿是摘不下去了。在外祖母众多的遗物中，有一封篇幅很长的通信，可以追溯到战争时期。

从中我们不难知道，在婚后短暂的蜜月期她还是忠贞的，可之后就不那么安分守己了。当时他们住在斯特林，部队会临时借住他们家。军官们多是孤身一人，寂寞难耐，她"于心不忍"，就时常去温暖他们冰窖一样的心。外祖母还会整周整周地不见人影，多数情况下是不辞而别。我的妈妈没忘记那屡次的失踪，外祖母辩解称只是去伦敦办事，但家里的大人很看不惯她这样，每次都要和她大动肝火。

这个时期外祖父信件的内容则是这样的："今早醒来很失落，因为缺了你的来信……"或者是"仍没有你的来信，只有一个你买格林汉姆＆马丁未结款的单子，居然要四百六十英镑！"（折合现价为一万九千三百英镑。）伊恩还写了他把婚戒给她邮过去了："你竟然把它落在家了，这可不好，下次我可不给你寄了。"

外祖母的信件中除了有那个监护人和她丈夫写的外，还有第三位的，他有个花里胡哨的名字，叫朗尼·拉什船长。这个名字我妈妈经常念叨，所以对我来说并不陌生，仅仅两封信之后，我自己也想念念这个名字——朗尼·拉什，我反复念着这个名字。朗尼·拉什会从黎巴嫩贝鲁特给我们寄长筒女袜，从意大利阿马尔菲邮伊丽莎白雅顿口红。他是胸外科医生，1946 年还曾在《柳叶刀》上发表过文章。不得不承认这样的外祖父才是我想要的，我要是能有他的基因还不得乐疯了。我打电话给艾德说了自己的想法，他破天荒地和我站在了一起，这么些年可是头一遭。他甚至建议开瓶香槟庆祝一下。

朗尼·拉什写的话也很讨人爱："我无时无刻不在想你，我的心肝，为了你我愿意做一切，毫无怨言。""我不会什么都和我妻子讲，我也就说说无关紧要的事情，其他的你放心好了。"

可朗尼·拉什的头发是红色的吗？我很期望在信件中读到他有雀斑或是一点儿也不怕非洲毒辣辣的太阳把他晒黑[1]，但很可惜，里面只提到了隆美尔。不过我从中看得出，多萝西的丈夫也不是省油的灯。朗尼·拉什在信中对她不幸的婚姻表示了同情，"我担心这回来者不善啊"，或者关心地问新的保姆能否"抵抗得住伊恩的魅力"（外祖母对这些保姆向来没什么好感）。

可朗尼·拉什是我们外祖父的幻想，还是在一封封信件往来中，化为了泡影。他在信中说自上次一别后，他就变得郁郁寡欢，总是怀念过去和她在一起你侬我侬的时光，而且他自己也是结了婚的。多萝西又有了新的情人，她也会把这个人的事情当成知心话说

---

1　1995 年一篇名为《自然遗传学》（*Nature Genetics*）的文章指出，黑色素沉着能保护皮肤免于紫外线伤害。而黑色素分为：红色棕黑素（red phaeomelanin）和黑色真黑素（black eumelanin）。真黑素具有光保护作用，而棕黑素没有。拥有红头发的人，他们的头发和皮肤只能产生有限的真黑素，因而很难晒黑并易受到紫外线的伤害。

与他听。"这个美国男友听上去很有趣。"朗尼写道,"你真是太胡闹了,这可是派到格拉斯哥的海军军官,真是只有你想不到的,没有你做不到的。你个小机灵鬼,真有两下子。"不管怎么说,最常提起的这个人叫菲尔,外祖母愿意为他抛家舍业。

1943年7月末,在非洲战场服役的菲尔就快要休假了,多萝西向朗尼(以及她可能说上话的人)倾诉了想要个孩子的事情。她说这是公婆的意思,想让她为帕特森家开枝散叶。伊恩之前会"两星期来看她一次",现在她又同意这么做了,与此同时她还在自己的圈子里宣布了再要个孩子的决定。这样一来,流言满天飞,大家都怀疑是不是因为她和菲尔偷情怀了孩子瞒不住了,才会冠冕堂皇地提出来要给帕森特家族开枝散叶。

眼看菲尔就要休假,朗尼坐不住了,起了妒忌心,于是建议她在战争结束前最好不要离婚,不然会有"被菲尔抛弃或即使离婚也从丈夫那里得不到一毛钱的风险"。之后外祖母就怀了我妈妈。朗尼吓得不轻,他写道:"这次,你应该没去看麦克拉兰医生吧?"这表明之前还有类似的情况,也就意味着她曾堕过胎。

我妈妈一出生,朗尼就写信来说:"我很高兴听到伊恩没对你怎么样,你的公婆也不清楚你和菲尔的那段往事。在这个关键节点上,我很希望你已经收到菲尔的回复。你应该让他知道只要你下了决心,就绝不会更改。"这里所说的决心可能包括生孩子,留下来照顾丈夫,以及最终决定不离婚。

很难得知妈妈从这些信中了解了什么,因为我们从来都是只关注自己需要的东西。不过,在外祖父去世后的几个月,妈妈不再执着于猜测谁才是自己的生父,而是毅然投向上帝的怀抱。

# 谎言 26：

## 我是你父亲

私生、不忠，这二者差不多像刻在我的基因里。"私生子是所有非婚生子的统称"这种落伍的定义，反映出与时代脱节的意识，它否认了本来就大气不敢出的私生子们的存在。还有一种情况，就是母亲在婚姻期间出轨后所生下的孩子，他们名义上的父亲并不是他们真正的父亲。在这种情况下来讨论行为的"天生遗传还是后天养成的问题"就显得异常有趣。

父母遗传和后天成长环境这二者之间仍有距离，我的工作就是帮一位教授研究这个。他和他所带领的科学家们对这个灰色地带研究得如痴如醉。比如一只一直处在紧张状态下的动物，它的精子会不会也有焦虑感，进而影响到下一代的生物遗传。就拿老鼠来说，自身不受压力干扰的小鼠，若由受到压力刺激的鼠爸爸抚养，其对压力干扰的估值就会偏低，会出现新陈代谢紊乱和精神抑郁（也就是说，这只小鼠在老鼠父亲的压力刺激下厌世了）。美国西奈山医学院的研究人员针对人类也做了研究，他们选取的研究对象是大屠杀幸存者的儿女。这些后代不仅继承了父母眼睛的颜色、音乐天赋和新陈代谢，他们似乎还遗传了那种压迫、紧张的情绪。瑞秋·叶胡达和她的团队分析了幸存者后代的基因，他们发现父母和孩子体内与压力相关的基因的相同位置上都有表观遗传标记。表观遗传标记可以对我们的基因活动进行设计，叶胡达及其同事明确指出它们是可以遗传给下一代的。

孩子来到这个世界，他／她的家庭和生活环境很可能会改变其基因表达的方式，从而影响她的成长轨迹，并对她的下一代产生影响。

虽然创造了我妈妈的精子是一名在战争中服役但休假的男人的，她也确定她父亲的基因不能对她产生影响，但她成长的环境充斥着不信任和背叛，这同样会有生物学影响。对她，也是对我。

20世纪末以前，也就是基因鉴定技术出现之前，婚内出轨对男性的影响要远大于女性，因为这意味着他们要花很多金钱去养别人的孩子。就像我外祖父，伴侣出轨，不仅要屈辱地生活在背叛中，还要花钱养与自己无血缘的孩子。研究术语把这种谎言称为"错配亲子关系"。

"错配亲子关系"的数据基本来自男性，他们对自己的"亲子关系信心不足"，因此要求进行亲子鉴定。要是20世纪40年代、50年代的基因技术能再先进一些，我的外祖父很可能会这样做，他肯定会迫不及待地去排队鉴定。

基因起源与一个人的身份认同感、心理健康和个人自主性息息相关。1989年联合国《儿童权利公约》第七条承认儿童有权了解自己的亲生父母身份。哲学家瓦诺克女士在1984年主持英国议会对该问题的调查时，为精子捐赠者建立了匿名制度，但她后来不再坚持这种观点。在捐赠精子创造的儿童问及谁是生父母时，很多养父母会选择说谎，瓦诺克女士认为这种隐瞒儿童生物起源的行为是"邪恶的"。她说这种欺骗是"长期性的"，考虑了父母的利益而忽视了儿童的权益。

在"错配亲子关系"的情况下，孩子的母亲同样也被这种尴尬的关系绑得死死的，想逃也逃不掉。即便她意识到纸就快要包不住火了，孩子的长相就要成为她不忠的铁证，她也必须把秘密烂在肚子里，不能吐露半个字。丑事如何见得了光？只能藏在心底最幽暗的角落。小谎或许能靠一时糊弄遮盖过去，但想要隐瞒不忠，恐怕就是一辈子的事了。

心中藏了秘密，就有如重负在身，自由不得。若是言语中捎带上了它们，更会让人寝食难安。哥伦比亚大学和斯坦福大学的心理学家发现，我们说话时想要隐藏的秘密与人体的生理反应这二者之间存在相关性。怀上别人的孩子如同往衣服口袋里装了石头，自己都会觉得石头硌得慌。

我的外祖母一遇到这个问题就躲躲闪闪，着实让人生气。我妈妈发现并翻阅拉什信件的那段时间，外祖母正处在罹患老年痴呆的边缘。我们坐在养老院她贵得离谱的房间里，听她说些不痛不痒的口水话，眼睛时不时滴溜溜地转，我们知道她是在编瞎话。妈妈紧紧搂着放在大腿上的包包，眼睛眨也不眨一下地向前看着，就像坐在公交站里的人一样，能做的唯有等待。

恐怕除了她生父的名字可能是菲尔外，她再无法知道其他了。菲尔虽然是我的外祖父，但其基因对我来说具有随机性。外祖父菲尔、外祖母多萝西·简、祖母洛丝·哈兰还有精神衰弱的祖父迈克·道尔的基因都会出现在我的染色体中。虽然我会好奇哪些基因遗传会是菲尔的，但我的好奇心也就一般般。可对妈妈来说就不一样了，对父亲角色的未知更促使她想去了解，进而认识她自己。

# 谎言 27：

## 这些人太无能了

最后，妈妈自己填完了沙特阿拉伯的签证申请。

艾德和我穿着她特地为此次旅行买来的同款 T 恤、裤子及其他零零碎碎的衣物。她以前给自己盛装打扮是为了出席晚宴，现在给我们装扮是为了赶飞机。

本以为坐飞机会很有趣，但结果令人大失所望。全程坐在那里一动不动，窗外除了云什么都看不见。英国航空公司直到 1987 年才私有化，所以乘坐他家的航班飞越海湾东海岸是只有穷人才能干出的事。不过机上的酒水饮料是免费的，另外在 20 世纪 70 年代末，往返希思罗和达兰之间的航班中，这趟航班是最有安全保障的，这才是重中之重。

1977 年 10 月，我们乘坐的那架飞机，载着一机的普通工人阶层，向东飞赴地球上最干燥的国家。机上每个成人都喝得醉醺醺的坐在那里。几年后我们回英国在希思罗三号航站楼降落时，爸爸喝得五迷三道，空乘人员都没法把他按在座椅上，只好由着他在经济舱里胡摆乱动、大喊乱叫，飞机降落在跑道时，把他整个从座位里颠到了过道上。

我们抵达时已是夜晚，一下飞机，迎面一股热辣辣的风，就好像从吹风机里吹出来似的。天空中的太阳依旧炙烤着大地，很快沉入地平线，夜幕降临了。远处，跑道尽头一些橘黄色的街灯在路的两旁亮着，在一片荒芜的沙漠中做着指引。更远处，巨大的火焰喷着火舌直冲漆黑的夜空。

2006 年之后沙特才开始签发旅游签证，而且限制条件很多，三十岁以下的单身女性、未结婚的伴侣、犹太人通通不得入境。这是一个封闭的、排外的国度。我们当时普通得不能再普通了，还要接受搜身和问讯，搞得好像我们是十恶不赦的罪犯，马上要被下狱一样。

光通过达兰的海关就花了我们好几个小时。西方国家来的乘客排成一列，看不到头，每个包都要给你翻个底朝天，衬衫也要一件件抖开来，被没收的物品都一股脑儿地扔在检查台下面，堆得像座小山一样。过海关的队伍吵吵嚷嚷，检查人员带着白手套，也不知道他们会盯上谁的东西。火腿、酒还有淫秽色情读物是他们主要检查的东西。据说有拿绳子把熏猪肉吊在胃里的，也有往旅行箱夹层里藏色情片的，但不知道为什么我们的东西会被收走，一本童书、一瓶橄榄油，还有一瓶杜松子酒，搞得好像它们和临时爆炸装置一样危险。真的什么都可能发生。

忘了拿那几件玛莎百货的衣服可是我们的心病。但要是拿没了商标的衣服，就更难证明我们的衣服是由无宗教信仰的人缝制的。在他们把包里所有东西都倒腾出来检查后，我们把东西散乱着从临检区里拖出来，勉强大包小裹地拿着，因为太乱了，一时半会儿根本整理不好。

到达口的大厅挤满了穿着相同白袍子的男人，他们头上缠着红格头巾，趿拉着凉鞋走在大理石地板上。偶尔能看到一两个裹在黑色纱巾里的身影，她们的手指用散沫花染料染过，并不停地把遮脸的纱巾往上往紧拽拽。

我已经记不得见到爸爸时的具体情景了，但我们是乘坐着一辆灰头土脸的出租车离开机场驶入黑夜的，车里震耳欲聋的沙特音乐吵得人头疼。爸爸回过身和坐在后座的我们说安排的公寓有些问题。

"他们在达曼给我们安排了一间公寓。"

"达曼？"妈妈不相信自己的耳朵，向前欠了欠身子，"你不是说会给我们安排一套房子么？"

挂在出租车后视镜上的祈福念珠从左摆向右，再从右摆回左。我紧紧抓住了副驾的座椅靠背。

"说出来你可能不信，"爸爸说，"这些人太无能了。"

那些火焰在车窗中渐渐向北退去，一个镇子的轮廓随之显露出来。

"达曼他娘的到底在哪儿？"妈妈问道。

达曼就是尚在建设中的一个城市，楼房还是半截子的状态，道路支离破碎、杂乱无章，车一过扬起漫天的尘土。达曼这个地方的象鼻虫总是大摇大摆爬过我们的脆玉米饼，那里的老鼠都有爸爸的鞋子那么大，一只只肆无忌惮地从前门台阶上窜过。在妈妈看来，爸爸的单身公寓就是爸爸在申请时假装自己是单身的证据。妈妈在爸爸去世后说，我们到沙特之后之所以没有"复式"房子可以住，根本原因就是爸爸没有申请。妈妈和我说，达曼就是爸爸谎话败露的地方。

# 谎言 28：

## 我要和你分开

妈妈把我们留给了在沙特的爸爸，并威胁我们说，如果我们不听话就会把我们永远留在这里。

十岁的我和八岁的艾德对妈妈要走这件事很吃惊，因为来这儿之后一切都挺好，完全看不出任何端倪。爸爸已经不再三天两头地去参加舞会，也不再痴迷帆船运动。妈妈投身妇女组织，忙得脱不开身，但在每周三的下午会给我们准备下午茶吃，再配上司康饼，着实让人垂涎欲滴，下午五点钟的时候，还有自制饮品可以喝。

那段时间过得有滋有味，相当惬意。

我们也搬进了新房子里，家里装了空调，四周绿草如茵，还有一棵不大不小的棕榈树，还能看到六英尺高的沙特阿美石油公司的栅栏。远处有个棒球场，"山丘高尔夫俱乐部"的场地也在那里，这两个场地的"绿草坪"由柏油路连接在一起。透过铁丝网，我们能看到里面穿着短裤的高尔夫球女选手，她们站在方形仿草坪地毯上在打推杆球。我们时不时还能看到她们挥杆时带起的草皮和泥土。里面的主顾们开着大型的雪佛兰车，过着我们只有在梦中才能享受的生活，真是天差地别。球场大门的安保措施极其严密，想溜进去门儿都没有。

阿美石油公司大院有自己的电视频道，只要我们往自己的天线上裹一沓铝箔纸，就也能收到了。我们原来小小的世界也随之扩大，充满奇妙与乐趣。这里有一个娱乐中心，里面可以进行跳水运动。而在外边一望无际的沙漠中，我们探索它的奥秘，尽情挖沙掘土。在草坪的喷水器之间，我们翩跹起舞，无拘无束。

妈妈离开后，我们用建筑废料搭了几个窝，用来喂养蝎子和骆驼。爸爸多数时间在忙工作，心情一直大好。我们的晚餐大多是吃"金枪鱼助手"[1]的各类食物，还有豆子和吐司面包，至于午餐，一般是去娱乐中心吃汉堡、薯条，外加一杯思乐冰。娱乐中心新进了一台思乐冰机，蓝色的味道最佳。饭后我们会去游泳，因为在泳池里可以嬉戏打闹，玩各种游戏。那几周真是玩得不亦乐乎，而且总有新鲜事等着我们去发现。

一天下午回家后，我们发现爸爸把家具重新布置了，客房卫生间的门上挂着一个牌子，上面用蓝色圆珠笔写着"男士专用"。我们刚一进家门，就被告知绝不能进这个卫生间。冰箱冷柜此时嘁嘁地制着冰，家门口放着从邻居们那里抢来的座椅，单身汉客人们带着塑料冷却箱聚到了家里，爸爸正招呼他们。看爸爸正在兴头上，我们觉着时机已到，可以浑水摸鱼偷偷去看那个卫生间。

卫生间也就是一个小隔间，地上铺着褐红色的瓷砖，雪白的墙壁。门的内侧，在艾德头的高度，也就是差不多人坐在马桶上头所处的位置，挂着一幅图。图上是一位深褐色头发的白人女子，她只穿着一件巴斯克衫和一条女士短内裤，一只脚站着，一只脚穿着高跟鞋踩在一把木制椅子上。这幅图的下面用蓝丁胶贴着另一张图，上面还是同一个女人，不过镜头拉得更近了。她在这张图中是坐着的，裸露着一只乳房。再下面还有一张，然后又是一张，这几张是连环漫画式的裸体画，我们随着画面的指引，渐次把目光移到画面镜头聚焦的部位——她胴体的私密部位。

1974年《皮条客》才首次刊登带有裸露女性私密部位的图片，在当时的西方世界还不是那么容易被接受的。而仅仅过了四年，还是在沙特这样的国家，爸爸就敢把如此裸露的照片挂在家里，这要是让宗教警察逮个正着，他可是要在广场上被处以鞭刑的。

---

1　Tuna Helper，一个食物品牌。

后来我就把"男士专用"卫生间当成离经叛道的代名词，一个在世界上最保守的国家里发疯的父亲。那天晚上我一点儿也不在意这个，因为在沙特的爸爸不再喜怒无常、动不动就发脾气。我们和他都生活在一个谎言之中，那就是妈妈走后他真的恢复自由了，当聚会的男男女女酩酊大醉搂搂抱抱走向沙漠的时候，他也不用清醒着面对现实。

我躺在床上，听着他们放肆的叫喊声在温暖的夜色里飘远，飘过院子的角落，越过环形篱笆，消失在更远的地方。他们在缅怀岁月，女人们咯咯的笑声夹杂在一声声呼唤之中，他们每个人都在叫着一个名字——乔治。

白天醒来，我问爸爸："谁是乔治？"

"乔治是任何一个人，每个人都是乔治。"

一个极度渴望自由的男人，他甚至觉得自己的名字都是一种束缚。他口中的"任何一个人"，就像幽灵幻影一般，根本无法禁锢束缚。

不久，我们没有妈妈监管的放羊式的假期结束了。我们三个打包好行李，坐飞机飞到了科孚岛。爸爸对我们说你们的娘（爸爸喜欢这么称呼她）几小时后就会从希思罗降落到这儿。

我们三个人在无所事事中等了很久，真的等得太久了，等她从到达厅出来时，我们给她买的红玫瑰都蔫了，一朵朵垂头丧气耷拉着脑袋，松垮垮地挂在根茎上，就要碎成一瓣瓣。

## 谎言 29：

## 为了孩子，我们别分开了

这不是妈妈第一次说"我要离开你"，也不会是最后一次。多年之后，妈妈跟我说我们几个孩子和爸爸能在沙漠度过一个无拘无束的假期，是因为爸爸又给她种了一次"菜花"。

那时我们都觉得离婚是板上钉钉的事。

离婚有三个合法理由：遗弃、不合乎礼法的行为和通奸、其他因素。第三点涵盖的内容很广，从不讲卫生到缺乏平等都算在内（近年来超过44%的离婚要归咎于最后一点）。20世纪90年代中期，妈妈又一次离开了爸爸，分开后，爸爸每次需要换洗衣服时不是去买台洗衣机洗衣服，而是每周去玛莎百货买身新衣服。

数据显示，生女儿和离婚之间也有相关性。我父母可以申请离婚的理由更是数不胜数，生活里一堆鸡毛蒜皮的小摩擦，还有许多令人大跌眼镜的蠢事，随便拎一条出来就能闹得不可开交，可以递交离婚申请了。可为什么他们没离呢？

没有那个胆量。

这也是大多数夫妻不离婚的理由，从各种证据来看，爸爸就属于缺乏勇气离婚的这类。对于姓道尔的人来说，离婚太少见了。爸爸的一些兄弟姐妹视婚姻为一项极限运动，就看你忍得住忍不住。但我估计爸爸不会喜欢他们这种憋屈的行为方式。他或许会说，为了其他人而不得不维持的婚姻，完全是弊大于利，那些"弊"还会把婚姻里仅剩的"利"慢慢消磨掉。如果不是为了保留颜面，减轻不必要的心理压力，爸爸可能根本不会勉强维持这段婚姻。爸爸的睡眠质量不是很好，在黎明前黑暗而寒冷的几个小时里，他提前醒来望着天花板时可能会想，这段婚姻究竟是何苦呢，明明自己在这段婚姻里苦不堪言。

妈妈呢？她的内心很挣扎，既想保持原状待在婚姻的围城内，又想从中跳出来。她的内心很矛盾，因为不论他们之间有什么隔阂，还是有爱情在的。

照此来看，妈妈肯定还会把那句"我要离开你"挂在嘴边。数年之后的一天早晨，我们一家要去格文，妈妈发动好车让艾德和我坐在后座，把副驾驶的位子留给了爸爸并为他打开了车门。

爸爸上车后，妈妈猛踩油门加足马力起了步，车子飞一样向南冲了出去。

妈妈这是要离开我们，把我们所有人都锁在车里吗？妈妈不是第一次这么做了，上一次她这样是为了绑架我们，好来个一锅端。记得那次是在法国，说实话那场景太吓人了，我不是很想触及那段回忆，但仍有那么一块记忆碎片残留在脑海：爸爸从车上逃也似的跳了下去。当时妈妈开着租来的雷诺车，转弯时速度降了下来，爸爸瞅准这个时机用力打开副驾驶的门，蜷身跳了出去，动作不太利落，整个人都滚进了路边的草地。在我的记忆里，他一直蜷缩在草地上没起来。

艾德不记得去格文的旅行了，不过他记得去法国那次，他说他对法国之行记忆深刻是因为他以为妈妈要杀了我们。看过电视的都知道，从高速行驶的车上跳车的唯一理由只可能是为了逃命。

不过此次格文之行跳车就行不通了，我们走的是海岸公路，跳车等于自寻死路，谁敢跳？另外妈妈吸取了上次转弯减速的教训，一直开得飞快。在这种连后路都给堵死的情况下，只好她说什么就是什么，她下定决心要和爸爸分开了。

"我要离婚。"

见爸爸不搭话，妈妈就从后视镜看我们："你们说呢？"

我看着灰色的海岸向身后飞驰而去，一句话也没说，因为那时候我根本不知道究竟是怎么一回事，其实到现在我也没有搞清楚。朋友建议我去兰迪·纽曼的那句歌词中寻找答案——"我要你体会你曾经给予我的伤害和痛苦"。我们确实让她寒了心。

开到海滨车场后，她随意把车扔在了一个地方，随手砰地一下甩上车门。那天早晨灰蒙蒙的，房顶、车辆还有海都笼罩在一层灰色阴霾之下。我们看着她带着怒气跺着脚去咖啡店"买咖啡"。爸爸拖着沉重的步伐走向海岸，我紧攥着拳头跟在他后面。在港口处，他跌坐在一条长椅上，然后双手掩面开始抽泣，我站在他身旁不知所措地看着他。

# 谎言 30：

## 我不记得了

1979 年 9 月的某个下午，我和薇奥莱特到预备学校报了到，我们先前都把头发剪短了。爸爸在沙特过得很舒坦，一点儿也不想离开。妈妈却对那里没有一丁点儿的好感，但考虑到学费的问题，她只好做出了让步和妥协，毕竟英国学费高昂，而他们在沙特的话，沙特政府就会提供学费支持。

我那时已经十一岁零五周多四天，艾德九岁。我把第一学期要在学校待多长时间精确到小时给计算了出来。薇奥莱特比我大几个月，她把我们的"监禁"时长精确计算到了分钟。

薇奥莱特头发卷得厉害，需要经常用梅森皮尔森的大号梳子打理。要是手边没有，她就用手掌贴着头皮把它们捋平。薇奥莱特手指修长，这种顺卷发的方式时不时就会揪下几缕来，每当这时，她花瓣粉色的面庞就会因为疼痛微微抽搐一下。

薇奥莱特的妈妈一次来看她的时候穿了邦尼·卡欣，整个人流露出伦敦骑士桥富人区和上层社会的气韵。相比之下虽然我妈妈也是上流社会的，但明显带了破落户的气息，妈妈的自信心也时有时无，完全用不对地方。薇奥莱特的妈妈不怎么说话，而我的妈妈在学校运动会的时候，会主动和其他家长打招呼，十分热络。

"很高兴认识你。我叫茉琳·道尔。"

妈妈一年只来看我们一次，要是我说我巴不得她保持这个频率那就是在说谎了。我多想她能多来看看我。唉……

薇奥莱特的父母来得很勤，他们会早早把学校规定的看望次数的额度透支完。周六早晨的课一结束，经过批准后，薇奥莱特的爸妈就会接上她驱车前往最好的酒店，而我只能眼巴巴看着他们一家消失在我的视线里。有那么一两次，薇奥莱特看我孤零零一个人于心不忍就邀请我共进午餐。但大多数时候没人同情我，周末我简直过得度日如年，异常难熬。相比之下周六下午还不是最痛苦的，五个小时熬一熬就过去了。科学课教师哈特韦尔先生设计了几个野外游戏让我们打发无聊的下午时光，比如三千二百米的蒙眼版两人三足定向越野赛，还有在田野和树林里进行的复杂的男女生搜索与救援游戏，这种游戏会一直进行到天黑。

哈特韦尔先生面相可怖，他搓手的样子让我想起《大卫·科波菲尔》中的尤来亚·希普。但他很了解孩子，也知道怎么带孩子做游戏。他上课的教室恶心又可怕，一进去就让人头皮发麻，里面爬着的、蠕动的、蛇行的、活的、死的，各种动物全都有。一个玻璃盒里养了一盒子老鼠作为蛇的食物，一只硕大的黑色雄鼠拖着它光秃秃的尾巴一直盯着我看。玻璃盒里简直像是一个小地狱，雄鼠旁边有一只红眼睛的雌鼠，它软塌塌弯成一个曲线躺在锯屑里。雌鼠不停地生育小鼠，一只接一只，但每次都会有一只小鼠丧命。

几条蛇种类不一样，一条玉米锦蛇、一条牛奶蛇还有一条王蛇。养玉米锦蛇的小孩很少把它拿出来，另外两条已被遗弃，一动不动和死了一样。它们的窝里除了一个三十瓦的灯泡、木棍和沙子外，基本没有其他可以分散注意力的东西了，把吓破了胆的老鼠扔进它们家里，它们也要过几个小时才会注意到。

第一周的科学课上，我们被派到草坪上挖蚯蚓，我和薇奥莱特都在。那时已是9月，草坪四周植株下面的土湿漉漉的，杜鹃花一日一日开至荼蘼呈凋零之势。我没交到新朋友，于是我陷入了焦虑彷徨的境地。艾德现在在马厩的另一侧，从我的角度看他就是一个茫然失措的小不点儿，他自顾不暇，我也不指望他能对我施以援手，只好自己找蚯蚓，然后再亲手把黏糊糊滑溜溜的蚯蚓从土里揪出来。

旁边的男孩女孩们已离家有一段时间了，不再哭哭啼啼想家，这会儿他们在入秋后积起的落叶堆里拿着落叶像打雪仗一样玩闹嬉戏，一发现猎物就尖叫起来，然后下手把肥嘟嘟浅褐色的蚯蚓捏在指尖。

新裤裙磨得我的大腿很不舒服，这种硬撅撅病号服式的校服简直要命，不用问也知道来自学校的服装店，另外它刺鼻的樟脑丸味像是要把人熏得晕过去。我伏在地上用一根小棍左捅捅右翻翻寻找蚯蚓。我一想到自己始终是一个人，眼泪就止不住掉了下来，这是爸妈离开后我第一次哭鼻子。我一边用小棍泄愤似的狠戳地面，一边用开襟毛衣的袖子擦鼻子，鼻涕拉长变稀，全抹在了上面。

远处，哈特韦尔先生狠狠往地下铲了一铲子，一锹土出来后，几条蠕动得正欢的蚯蚓也被带了出来，随后它们便被扔进了桶里。看时间差不多了，大家一个个收获颇丰地往教室走，而我一只都没抓到，只能灰溜溜跟在最后。好像薇奥莱特当时在我旁边，虽然我的记忆中没有她。后来我曾问她那天下午的事情，她说她什么都不记得了。

就像在低垂的秋日下挖蚯蚓时是独自一人一样，连对那日的记忆也只有我一个人记得。每当我想回忆些什么的时候，即使去问当时的当事人，他们给我的答复也都是记不清或者直接不记得了。也是从那天起，从我望着在马厩另一边自顾不暇的艾德起，我知道我不能一直依赖弟弟了。

后来我多次问艾德那天的情况，他都会皱眉头哈欠连天地说道："我不记得了。"

"真的吗？"我反问道

他又打了一个哈欠。这表明他不想继续聊下去了。

他一定记得，他肯定记得。我这样告诉自己。

又或许他最不想记住的不是那天下午抓蚯蚓的事，而是我。

# 谎言 31：

## 我给忘了

忘记了，这真的是再简单不过的谎言，可对此你还真不好说什么。要是问外祖母这件大衣、这双鞋子或是这条裙子多少钱，她肯定会说这谁记得啊。"忘记了"其实是我们与不堪回首的过往最直接了当的和解方法。这种无意识的遗忘症状，研究人员把它称为"动机性遗忘"，我们当中一部分人会有"动机性遗忘"，它会清除大脑中那些令人隐隐作痛的过去。

而对大多数人来说，遗忘是年老体衰的体现。比如今天早晨我看到一个纸糊的工艺品，结果忘了那个单词叫什么，绞尽脑汁还是无法从脑子里回忆起那个单词，这足以让我惊出一身汗。究竟还有多少是我忘了却不自知的事情呢？

我们之所以会遗忘有两个原因。

第一个原因是我们的大脑容量不够了，就像必须把 1662 年以来英国和爱尔兰出版的每个字都收进去的剑桥大学图书馆一样，储存空间永远不会够。每周四都会有大约一千册图书用红色的塑料分隔箱送到剑桥大学图书馆，一摞摞书成堆摆放在地上呈蛇行蜿蜒而去，一些其他地方放不下的书也被堆放到了这里。地库里有几十个"取书员"，他们负责按照楼上的要求找到相应的书，有些时候要求只是一张手写的字条。

第二个原因是记忆搜索能力变差。这里我们试想剑桥大学图书馆在经历了十年的经费紧张后，工作人员不得不减半，而摆在他们面前的是堆积如山尚未开封的红箱子。随着时间的增长，我们的大脑就如同这座图书馆一样，里面全是放错架参考不详的资料，而且数量只增不减，没有时间对它们分门别类建档立卡。我们的大脑就如同这年久失修的图书馆一样，能正常运行已经不错了，就别奢望有良好的管理了，对记忆的搜索能力也不能要求太高。

记忆搜索能力会随着年龄的增长越来越不灵光，这倒不是病理性质的老年痴呆前兆，而是因为我们的年岁越大，就越容易生活在重复里。工作日每天从家到公司再从公司回家，如此循环往复惊不起波澜，唯一的小插曲可能就是早晨坐伦敦地铁北线从东芬奇利站到河堤站走得不顺罢了，这种小插曲到不了明天你就会忘记。我们的大脑为了保持高效运转会认定该信息为多余，如果不想遗忘，我们就得提醒自己不要忘记并强化记忆，比如晚上去酒吧喝酒的时候再念叨念叨今晨的事情，或者干脆写进日记里。不然大脑会通通给你清除掉。

不过遗忘对说谎者来说可是致命的，这也是我们说谎后容易被拆穿的原因。遗忘对写传记的人来说也是一件头疼的事。不得不承认一个残酷的事实：我们无法记住自己的所有经历，而遗忘是一件很残酷的事，它等同于吞噬曾经的自己，阿兹海默症就是最极端的情况。

没了记忆就没了身份，就等同于丧失了自我。如果记不住东西，就无法搭建起框架来安放"我们到底是谁"的具体思维和意识。作为音乐家而闻名的克莱夫·韦尔林，因为脑部感染，罹患了有史以来最严重的失忆症。他曾和自己的妻子黛博拉说他永远只能活在当下的这一瞬间，这个瞬间一旦过去就会被遗忘，失忆后就如同曾经的自己已经死去一样，"有如死了又活过来，活过来又死去"。

黛博拉每次进房间后，韦尔林都会热情地与她打招呼，像等了几十年今日终于再见。黛博拉把韦尔林失忆的部分称为"已逝的"。韦尔林为了填补自己大脑中过往记忆的空白，他开始写日记。但里面满篇写的都是基本一样的东西：

"我醒了。"

"下午两点十分，这会儿已经醒了。"

"下午两点十四分，这会儿完全醒了。"

"下午两点三十五分，这会儿彻底醒了。"

克莱夫·韦尔林的失忆症使他一直处在"自己刚醒"的谎言里，而他的大脑对此毫不质疑，即便日记里白纸黑字地记载着他其实很早之前就醒了。

当然，遗忘也不总是灾难。为更好地应对创伤后应激障碍，科学家们正在寻找多种途径来促成遗忘。他们发现不美好的回忆在表观遗传上是极其明显的，关于战争、虐待和折磨的记忆会通过化学标记在我们的基因上留下印记。《自然》上的一篇文献综合描述了组蛋白去乙酰化酶抑制剂被注入老鼠体内后，是如何清除这类表观遗传标记的。但目前还不清楚该药如何在人体内作用，是像无人机空袭那样稳准狠地敲掉在旷野里疾驰的单个敌人，还是像轰炸那样杀敌一千自损八百？

遗忘是必要的。事实上为了生存我们必须学会遗忘。记住和遗忘之间要找到一个平衡点，甚至可以说我们不知觉的遗忘是为了给新的记忆腾出空间。一个十年未见的同事，你还记她名字干什么？不过要是忘了的话再见面难免会尴尬。但我们应该感到欣慰才是，因为在过去的这些岁月里你没有浪费自己的认知能量去记她的名字。

博尔赫斯说过："我们靠忘却活着。"在《博闻强记的富内斯》中，主人翁从马上摔下，头部严重受伤，却因此拥有了超强的记忆力，什么都忘不了。他把自己的记忆比作"垃圾处理"。同样的情况也出现在了一个女患者身上，她告诉加利福尼亚的研究人员说，自己的记忆异常精准，过去的事情"源源不断地涌现出来，好像脱缰的野马根本不受控制，它们会自动地浮现出来"，再这样下去，非把她逼"疯"不可。

尼采曾下过这样一个著名的论断：遗忘的存在从未被证实。他所指的遗忘是那种彻底、无法复原的遗忘，它将永远吞噬掉你脑中的"纸糊的工艺品"这个词组。你要给大家展示被抹去的记忆，肯定难于上青天，其困难程度不亚于证明尼斯湖里没有水怪。

遗忘，换句话说就是没记住。尼采所说的遗忘，我们还没找到相对应的词来形容，它是一段永远不再存在的记忆，超出了记住的范畴。我们的语言体系中不存在理论家所说的这种"彻底的遗忘"，或许因为我们都有这种情况：当听到一段旋律或闻到割草时散发的那种芳香，某段记忆会突然间被挑起，而之前我们以为早已将它忘却。

# 谎言 32：

## 我是瑟琳娜

2013 年 11 月我报名参加了集体心理治疗，它比一对一咨询要便宜一些。而且一对一诊疗很难说会比集体治疗有效，况且我也只是有一些小毛病罢了，不用大动干戈。

除了价格外，集体心理治疗小组会有原生家庭相关的诊疗分析。我父母没离婚是我的过错？或者是还有别的原因，毕竟妈妈三十五岁的时候，我们几个孩子已经从家里搬出来了。

但我在小组里并没有提这个问题。第一次和小组成员见面时，我发现处境比我惨的大有人在。有成天躺在床上号啕大哭的，有患癌的，有觉得自己的存在很多余的，有长期遭受暴力的，有丧失活下去希望的，等等。还有一个组员进组三周，一声都没吭。看到他们这么惨的处境后，我如果还能生出让人家来帮助我的念头，就真的是太没人性了。另一半人则根本没把这个治疗小组当回事，一个组员第四周的时候说这就是个"屁事也干不成的咖啡早茶会"，那时候小组已经出现要散的苗头，也难怪他会如此气急败坏。

不过在解散之前，每次聚会我会和其他人一样稍稍分享下自己的近况，用些陈词滥调打打太极，很多时候我都有所保留，并不会全说实话。第四周的时候，有个人问到了我上学的日子，我大脑一片空白，泪流满面，嘴张开却不知要说什么，我用力地绞着手里的围巾，可惜那段日子不是水，从围巾里拧不出来。但很快我的小组成员"大家庭"意识到我的难于启齿，立刻避重就轻地改变了讨论的内容，如同改变航线一样避开了海啸，行驶到安全的浅水区聊些家长里短，而我还在波涛汹涌的大海中呛水下沉。

第五周，那个成天窝在床上的退组了。她说自己刚从医院里跑出来，先前被送去急诊室洗胃。那些只是来坐坐的人看话题有些沉重，故技重施又立刻把对话转到了不痛不痒的地方去。

"我想现在离开。"她叫道。

治疗师让她缓缓，期待能有个更完满的"结束"。退组仪式很重要。

"我现在只想赶紧离开，"她又吼道，"我现在满脑子想的就是来一支该死的香烟。"

"我们之前确实没有认真听她的倾诉，"我说道，"她曾说自己自杀过。"

第六周又少了一个人，对她的观察帮扶随之终结。我一直在找，看哪个人可以当我的"心灵导师"替我排忧解难，给予我安慰，但一个都没有。集体治疗最大的优势就是有人倾听，尤其是对那些面对生活里的苦处，却无法倾诉的人。

第七周由我主持小组讨论。我在小组里转着问每个人的情况，一次只问一位，开门见山，单刀直入，还会对上次的问题做更深入的了解。

我不想对其他任何人掏心掏肺，我止不住的哭像是要把这辈子的眼泪都流尽。当我决定放弃扮演"心灵导师"这一角色的时候，我问自己谁又会来当我的"心灵导师"？寄宿学校的苦闷已经成了陈词滥调。我讨厌自己，或许这才是我一直哭的原因，我对自己有一种不可言说的自我憎恨。

第十一周，即使不做集体治疗，我的眼泪也刹不住，整场集体治疗我一直在哭。我只得去另外一个地方尝试减压疗法。

治疗师问我："你是想咨询你的前语言期的自我？"

"什么？"

"你所谈论的寄宿学校里那个语无伦次的小孩。"她说道。

我点点头，虽然我很难认同她说我退回了孩子阶段。

"你能描述下你回忆中的米兰达是什么样子吗？"她问道。

我很想知道谈论我不记得的事情如何能够帮助到我。

"混乱的？应该是的。"我的语言支离破碎、毫无章法，"我一直知道肖恩是养子，埃德里安的妈妈死了……"她等着我说下去，"妈妈们死了，她们去世了。"

"父亲们呢？"她又等着我说。

"爸爸和肖恩说，要是他不表现好一点，就会被送回孤儿院。"

"在你想象中，那家孤儿院是怎样的？"

"很多不快乐的孩子，很多床，光秃秃的墙，光秃秃的地板。"

"像学校？"

我看着治疗师的抽纸在想：每次咨询前，她是否都会确保至少有一张纸巾是在盒子外的？

"或许——"她刚准备说，但我接过了她的话：

"或许我现在才意识到最可怕的噩梦其实早就已经成真了。"

# 谎言33：

## 学校真好

给父母写信，这是阿伯乐豪斯[1]要求我们每周一做的第一件事。晨跑之后吃早餐（周一、周三和周五是粥），然后盘腿坐在镶木地板上开集会，这些都完成后去教室。第一年是去科学教室，里面玻璃箱环绕，无数的爬行动物和啮齿动物饲养在里面，它们一个吃另一个，这个再吃下一个。我那年说过的谎言它们应该都听到看到了。我发现这些谎言要比之后的任何谎言都难编，因为万事开头难。

阴雨连绵的日子总也见不到个头，我穿着那身硬得要命且樟脑味十足的校服，坐在那里看镜子中的自己流眼泪。给父母写信时，在其他同学看来让人发怵的语法连接词对我来说是小菜一碟，什么"首先""接着""之后""何时"都不在话下，但难就难在这中间的内容该写什么，每写一个单词都要想好久。最难的是还不能写真话。在为数不多还留着的信里，我发现我和艾德最喜欢写天气，我们会问"那边"天气怎么样，虽然心里知道沙特肯定是晴空万里，艳阳高照。

而反过来，我们收到的大多数信全都是在问物流的情况，问我是否收到了支票，海狸旅行社有没有寄签证，问我能否联络学校的秘书，看下在阿姆斯特丹中转时的酒店安排。有一封信里教我如何购买火车票，以及表达出对我要怎么从学校走十六千米到车站买

---

1　高登斯顿学校的小学校，现已合并，主要招收六到十三岁的学生。

票的担心。在另一封信里，他们说要给十三岁的我寄一张签证申请表，然后要我自己填好。

我在一封信里问外祖母什么时候能接我们回去，"我很担心"，我如是写道，因为我看不懂她的手稿。几年后，我也像我的父母一样开始担心如何在阿姆斯特丹中转的事情。我们要怎么找到酒店，早晨会有人帮我们返回机场吗？要是我们错过了航班怎么办？我如此问道。

读这些信能深深感受到其中的爱和依恋，但又透露着疏离感，就像教练在电话里指导队伍，但通话质量不佳总是掉线一样。

"很高兴收到你的来信，"妈妈写道，"得知你按照信中指示争得外祖母的同意，深感欣慰……"（她的这个省略号，在我看来是说她的指令没有完全得以遵照），或者是写："希望回学校旅程顺利。坐你旁边的女士可是个暴脾气。"爸爸会在来信中问："收到旅行公司给你们寄的签证了吗？护照应该快到了，你注意签收，别再让它被雨淋了。"另一封里爸爸说他那段时间一直都在惦记着我这会儿到了哪里，那会儿又到了哪里。爸爸在信里把他私下的安排都暴露了出来，他拜托了一位家里的朋友来反馈我的实时位置。"你都跑到金洛斯去了。"他说道。整个行程中，不止这一个意外，而是状况百出：身份证丢了，鞋子找不到了，护照湿了。我的不安与日俱增，生怕自己的无能让他们周密的计划付诸东流。

课间休息时我们有饼干吃、有橘子汁喝，这个时候学校的工作人员会叫着我们的名字发家信。薇奥莱特每天都能收到至少一封信，她去拿信时，我就转开艳羡的目光去看秘书那条流口水的狗，心里盼着他们能叫我的名字"道尔"一声。

几年后，我不再期盼收到他们的信，收到信时那种欣喜的感觉也没有了。我妈妈的信后来多是打印的，还有为了省事影印的，后面加个手写的附言了事。这些信大多无聊得很，让人没兴趣读下去。即便现在，她的信能说到我心坎上引起我注意的地方也寥寥无几，就算有也多是打字稿中她用钢笔添的那几笔罢了。

在一个附言里，她说肖恩对这种打印出来千篇一律的通信很是嗤之以鼻，还给她留了言，我也趁机告诉她其实我也很不满她群发一样的打印的信，她写道："怎么可以这样！"

我快成年时，爸爸来信中会问及我为何这么久都没给他寄信。他特别强调我有很长一段时间没给他写信了，他还说妈妈也逐渐不再热衷于写信收信这种事了。我想不写信应该是因为过了那个年龄。

毕竟今时不同往日，那时我还小，他们对我也不放心，凡事都会操心地问我一遍。爸爸说每封信的画龙点睛之笔都凝聚在最后一句上，据他说那句话是："我喜欢上学，学校真好。"

读着这些文字，我仿佛看到了十一岁时的自己低着头努力编着瞎话，仿佛英勇就义般，也不知是从哪里学的这个谎言。从那以后，空白的信笺再也难不倒我了，因为最难的一步我都挺过来了。

# 谎言 34：

## 以后不用晨跑了

薇奥莱特有一件绿色系带长袍，泰迪熊毛绒玩具的那种面料，胸口嵌着一个张牙舞爪的缝饰。她还有一双大得没边的浅绿色拖鞋，毛茸茸的。她的妈妈在爱丁堡乔治街的艾特肯＆尼文给她定制了全套校服，包括两条海军罩裤和六件白色背心。后来证实，长袍和拖鞋是销售小姐的推荐。

第一个学期我们还不是室友，每个寝室都以当地城堡或酿酒厂的名字命名，那些名字分也分不清楚。每个寝室里都配备了光板床，床边有个床头柜，不好看但实用，可以放碗筷、装杂物。床是上下铺，不是谁想睡哪儿就睡哪儿，要论资排辈，我和薇奥莱特被分在了下铺。

我做事积极，不是争着去做第一，而是积极不积极都得做，那还不如开心地去做，比如晨跑。

学校里的电铃就是晨跑的号角，它连接在雄伟壮丽的乔治亚大厦中心的一个开关上。第一声响铃意味着晨跑集合，每个孩子都必须立即起床，穿好裙子、开襟毛衣和体操鞋，然后跑到前门排成一列，等着管理人员的口令。我们是绕着楼跑弧线，大家都很卖力，跑得很快，不然这么冷的天非得冻死不可。

第一次响铃是早上七点，在以前是五点。我一般站在队伍前面，大家一个个穿着裙子光着腿，薇奥莱特像犯错似的缩在队尾，她一直盼着铃能响第二次，即使距离第一声铃的时间长也没关系。

第二次响铃，就是头一声刚响接着又来一声，这表明天气恶劣，比如雨夹雪、冰雹和暴雨，这种情况下就会解散，不用再去晨跑。但有些教工喜欢把这两声铃之间的间隔时间拉长，所以经常会出现第二次铃声响起时，我已穿好衣服到了走廊里。

我从不抱薇奥莱特的那种希望，因为我知道希望破灭就是失望，不抱希望就不会失望，我在前三周就已经深切地体会过了。

薇奥莱特还对这里的生活抱有希望，她其实是希望寄宿生活里令人不顺心的事物能够有所好转——难以下咽的食物、晨跑、刺骨的冷。生存就是与各种不顺心斗争的过程。

不久前薇奥莱特参加了一次"夜晚突袭"（提及的时候总是用"夜袭"来代替），地点是在楼上的走廊里，要穿越楼里男女寝室之间那条不可见的隔离线，紧张又刺激。他们夜袭的路线经过我的寝室，再前面住着麦克劳德夫人，她是我们的宿舍管理员，一个动不动就发火的举止粗暴的女人。

那个周五夜里，我被四个十一岁的姑娘吵醒了，她们蹑手蹑脚地走回寝室，即使压低声音也还是能听到她们的笑声。一个高年级女生带着怒气低声说了她们一句，引得各个床板嘎吱吱响了起来，大家不是开口让她们去厕所折腾，就是让她们"快闭嘴"！不一会儿，窸窸窣窣的嘀咕声成了大合唱，整个宿舍楼充斥着此起彼伏的警告声。女宿管不是聋子，这还能听不到？她起了身。

灯啪地一下被打开了，晃得刺眼，我眯缝着眼睛沿着羽绒被沿瞥去，床下冒出了薇奥莱特那双硕大的拖鞋，绿得就好像僵尸的脚一样，让人瘆得慌。虽然我不敢相信那真的是薇奥莱特，但这双鞋只有她有。更糟糕的是，麦克劳德夫人往常只是站在她屋门口"指点江山"，现在正怒气冲冲地往这边走，她愤怒地斥责着，声音有如手摇风琴，浓重的苏格兰阿伯丁口音喷口而出，佩戴的廉价黑框眼镜已经磨花。

我闭上了眼睛，再睁开时，她已经站在屋里，用棍子粗的手指戳着空气。

"要是敢再发出一点声响，我非把你们举报上去不可。"

我从来都没因为犯错被点名批评过，一次也没有，但薇奥莱特是校长办公室的常客，时不时就会看到她站在办公室外面，与黑白方格的大理石地板做伴。她知道要想脱离苦海，唯一的途径就是被开除，要达到这一目的必须更加坚持不懈犯上作乱。

麦克劳德夫人训斥完，跨过那双绿色拖鞋往外走，末了她又高高举起她的手指指着我们来了一句：

"再警告你们一次，别再给我发出咯吱吱的声音！"

门咣地一下关上了，寝室陷入了一片死寂。大家屏息直挺挺躺了一阵后，床上躺着的、床下钻着的再也忍不住，翻身的翻身，大喘气的喘气。

直到现在我才意识到，说谎的是麦克劳德夫人，她其实看到了那双绿拖鞋，但选择了视而不见。麦克劳德夫人肯定和我一样孤独，独自一人躺在床上时，她不再是那个令人害怕的宿舍管理员，只是一个漂泊在外的人，饥肠辘辘，寒气侵体。她只是这个寄宿学校里一个小小的零件，被这台巨大的机器裹挟着、压迫着。她只不过是个再工作不了几年的老女人，即使生活充满绝望，也得靠这份工作勉强糊口。

如果我没猜错的话，麦克劳德夫人什么都看到了，但她只能当什么都没看到。可薇奥莱特全然不这么看，她坚持认为麦克劳德夫人肯定没通过她的拖鞋认出她来，它们辨识度又不高，只不过是地上一团绿色的杂物，一个小小的障碍物而已，和别的东西没什么区别。麦克劳德夫人还能被它绊住，栽个跟头吗？

# 谎言 35：

## 那个女人没规矩

　　我们有一位老师很爱干净，身上总是一尘不染，就像刚在盥洗洗过一样。系带镂花皮鞋、海军西服背心、熨烫妥帖的衬衫是他的标配。虽然有教职称头衔，但他喜欢我们直呼其名，缩略叫首字母即可。按理说这会增加他的亲和力，但他带给我的只有恐惧。

　　在我妈妈看来，这位头衔为 T 的老师简直就是完美的代名词。德布雷特[1] 英国贵族年鉴一直被她奉为圭臬，年鉴所宣扬的"礼仪、品位和成就所带来的权威性"深受她的认同，里面记载的勋贵也被她视为榜样。妈妈做梦都想把我和艾德培养成那样的人，即使不能一步登天，一开始被尊称为阁下和女士也好。

　　妈妈总是念念不忘他们第一次见面的时刻，她当时向老师说，自己的两个孩子都过于内向了。

　　想都不用想，他回答的时候一定是挂着招牌式的笑容：

　　"不用担心，道尔夫人，孩子们在我这儿不用多久就会大变样的。"

　　这应该是他唯一一次对妈妈报以那样讨好似的笑容。我们的学费由沙特政府支付，我们家也够不上新富阶层，所以 T 先生更爱与在其他公司高就的学生父母打交道。学校夏季运动会前，他会把我们全支配到花圃，里面的水仙花死的死、倒的倒，乱成一片。他非要我们把水仙花挽个揪立起来，让它们看起来生机勃勃，还说这

---

1　系英国一家老牌礼仪指导机构，以"礼仪指导权威"自居。

样才能更好地迎接伊格岛的地主，人家可是坐着 1927 经典款劳斯莱斯来的。

随着接触次数的增多，T 先生的德布雷特光环在妈妈眼中逐渐褪去，妈妈在航空信纸上记录下（她一直都是这种高效的秘书行事风格）她与他先前的一次会面，那次是因为艾德的行为举止越来越不像话，妈妈被叫去了学校。

"阿伯乐豪斯 [1] 可不是酒店。"妈妈说 T 先生说这句话时带着盛气凌人的高傲，他甚至直接说和妈妈聊天毫无益处，还不如把爸爸叫去。在一些具体问题上，妈妈油盐不进，也不肯为艾德的所作所为道歉，T 先生变得暴跳如雷。妈妈想问问另一位孩子妈妈的情况，结果 T 先生毫不留情面地说那个女人"没规矩"。妈妈在脚注中推测这个词所形容的"那位女人"是位黑人。

有一回 T 先生立了条规矩，在餐厅里吃饭时想要什么东西不能直截了当地说出来，要像打哑谜一样委婉地让对方猜出自己的需求。比如当我想要盐时，我不能直接说我要盐，我要拐弯抹角地让对方猜出我的需求。

"你喜欢盐吗，宿管女士？"

"不，米兰达。你需要盐吗？"

圣诞节假期前一天，T 先生在晨会上宣布，女生们应该上一堂游泳课。但是为了圣诞节回家我们已经打包好了行李，浴巾之类的都已经收进去了，此时再拿出来去上一节游泳课，泳衣和浴巾都湿答答的，怎么收进行李带回家呢？

我想找个说得过去的理由翘掉游泳课，但心里慌乱得很，就躲到了图书馆里，刚好碰到了伊娃。她年纪要大些，同样也不想去上游泳课。到十一点，我们两个还在思考泳衣湿了怎么办，泳衣湿了还怎么收进行李，总不能什么都不穿吧。或许 T 先生一开始就是打着让我们像"生日泡澡"一样裸着上游泳课的主意，虽然我从未

---

1　"阿伯乐豪斯"的英文为 Aberlour House，house 有"饭店""大楼"的意思。

被"生日泡澡"困扰过，但他居然用这种手段来欺骗我们，这让我惊恐不安。

"生日泡澡"是一项仪式，每个过生日的人都要经历这么一遭。生日这天的早晨，T 先生会在铃响之前去女生们的宿舍。

尽管那个过生日的女孩极不情愿，甚至会大声喊叫，但在 T 先生的帮助下，我们会扒光她的衣服，然后把她扔进已放好水的浴缸里。平时熄灯之后，我们在宿舍里小声谈论过这件事，意外注意到他乐于整蛊的女生胸部都"比较大"。所以安其拉自十二岁起每次过生日都躲不过 T 先生的魔掌，整个宿舍的其他人也都拿她来消遣，两个人抓一只胳膊，T 先生紧紧攥着她大张开的脚踝，左右在空中晃三下后，扑通一下把她扔进浴缸里。

相比之下，这次的游泳课更是有过之而无不及，他很可能会说既然泳衣湿了不方便，干脆不穿不就完了吗。亏他能想出这么牵强的理由。但最终伊娃解救了危局。

为了完整地回忆起这个桥段，我把第一本日记本也翻了出来，上面记录了我在阿伯乐豪斯第一年的生活，读起来和流水账一般，因为本来就乏善可陈。

"活动的时候，我们必须参加长跑，而且不能停下来歇息。萨拉的胸部变大了。晚安。"

可惜日记里面既没提到湿泳衣，也没记录伊娃大义凛然地与 T 先生谈判的详细过程。虽然日记里什么都没有，但我记得她为了让我们两个脱离困境说了谎，她说我们来了月经，这件事打了 T 先生一个措手不及，因为我们确实到了来月经的年纪，而且月经何时会来本身就具有不可预料性。他无话可说，就放了我们俩。

逃出生天后，我和伊娃做了什么我已经完全没印象了。

我在想我们后来有没有去围观那些老老实实上游泳课的同学。我猜想 T 先生一定急不可耐地搓着手站在泳池边上等那群女孩子出来，我甚至能想象到他搓手时手上戴的那枚图章戒指会闪闪放着光。女孩子们从更衣室出来后，那一双双小手遮上面也不是，挡下面也不是，肯定慌乱成一片。

当然这不可能是真的，要是那样的话，T 先生就成了那天早晨唯一站在泳池边上，也是唯一穿着衣服的人了，这是绝对不被允许的。

不过我确实记得去游过泳。当翻阅封面是霍利·霍比[1]画作的那本日记时，我发现里面有两处提到了裸泳，但并没有写明这两次是不是被迫的，而且那时我才十一岁，并不觉得太难为情。其中一次我在日记中写道，觉得裸泳太害羞了，还有一次我写道："我们玩了'生日泡澡'之后，一起去游了泳。除了我之外，其他人都裸泳了。"

游泳池建在一栋翻新的建筑物里，它之前是一座尼森式半筒形铁皮屋。更衣室走风漏气，站在里面冷飕飕的，里面散发着腐烂的味道，光线透过一块亚克力有机玻璃窗射进室内变得柔缓。

我不记得有没有穿着泳装，但记得我们是怎么跳入泳池的。几个人羞羞答答，白皙的身体紧紧挤在一起。我们把自己抛进池子里，突突直跳的心终于得到缓解，泳池里的水上下起伏，拍打着边沿。T 先生命令我们手拉手背对着边沿站起来，他说他想看漩涡。在瑟瑟发抖中，我们手拉手围成一个圈尖叫着转了起来，一圈又一圈，池里的水跟着转了起来，哗啦啦地响。我们面朝着漩涡中心，背后的水不停地往外溢着。

---

1 霍利·霍比是美国插画师，其代表作有《嘟嘟和巴豆》。

# 谎言 36：

## 我从未享受过排泄时的快感

我在大学图书馆里找到一套《欺骗百科全书》（分上下卷），里面"自欺"恰巧紧挨着"自我辩明"和"自我膨胀"。自我膨胀是每个人的通病，学界一份调查显示，94% 的人认为自己的能力水平排在本行业的前 50%，这只能说明他们当中很多人没有自知之明。

自我辩明也是很多人乐此不疲的事情，找人证、翻阅书籍、参考报纸报道等，只要是符合自己世界观的都拿来证明自己的观点，对其他跟自己世界观背道而驰的佐证则视而不见。比如我收集了大量关于教育机构虐待儿童的故事，还有关于布莱尔妄自尊大的例子的文章，却故意忽视那些支持教育私有化以及主张英国脱欧的报道。

自欺欺人的程度也是衡量一个人撒谎能力的很好的标尺。科学家罗伯特·崔弗斯认为，自欺欺人推动了进化。人处在自欺欺人的盲目状态时最有说服力，他的心中只抱着一个信念，就算铁证如山也不能改变他所坚信的，达到这种精神状态很容易蛊惑对方，给对方洗脑，邪教创始人从来对自己歪门邪道的那套说辞深信不疑。唐纳德·特朗普、唐纳德·拉姆斯菲尔德、奈杰尔·法拉奇还不够证明吗？他们从不怀疑自己的信念，并俘获了一批信徒。

然而，自欺欺人会导致自我陌生化。

T 先生觉着自己是个好人吗？肯定是。那把裸泳和"生日泡澡"当成教育我们的正当方式，是否是他的自欺欺人呢？或许是。那他自欺欺人的教育方式能够打消家长们认为其教育方式不得体的疑虑吗？可以。我们生活的世界中不乏吉米·萨维尔、盖瑞·格利特、罗尔夫·哈里斯一类的人：他们不认为自己的所作所为是猥亵女性和儿童，他们理所当然地觉得那是工作的一部分。

心理学家乔安娜·史塔列克把自欺欺人描述为同时持有两种相互矛盾的信念。比如说家长们声称："我的孩子们特别爱上学。"与此同时他们也清楚地知道虽然儿子在假期最后三天把该带的都装进了书包（还反复查看了几次），但是女儿根本没打包。

有些人则会把这称为"否认"。我们可以否认一切，甚至可以否认癌症晚期诊断书。否认让我们的大脑有了缓冲时间，不用一听到什么就马上去想它的结果。但即使我们死拖着不肯认账，也不代表事情没有发生过，否认得越久，到不得不直面真相时就越难接受。

我们每个人都不完美，但要承认自身的不完美是需要付出心理代价的，这也是我们沉迷于"认知瑜伽"的原因。我们在认知瑜伽的自处过程中会觉得自己要比现实中高出一截，更加慷慨无私、机智过人、幽默大度。我们同时会自欺欺人地认为自己没有说过多少谎。有人或许会说：稍微自欺欺人一下是人之常情，不仅不该大加鞭挞，反而要多多鼓励。心理学家认为，那些对自己能力实事求是，对人生不太抱幻想的人，长此以往很可能被临床诊断为抑郁症。抑郁的人谎说得少，不论是做了错事还是伤害了人，他们都会顺从地承认。他们这么做当然毫无错处，只是人生不会一帆风顺，我们没必要再给自己添加重负。

不过，那些高超的自欺者学业更好、工作更顺利、爱情更甜美。1974 年，心理学家鲁本·古尔与哈洛德·萨克凯姆共同汇编了一个测试表，上面有二十个问题，高超的自欺者在回答它时，选"否"要比"是"多。这两人在纽约的一家酒吧喝得酩酊大醉时，编凑出了这个测试表。这些问题带有挑衅意味，并会让人产生羞耻感。它们包括：是否曾有过杀死他人的念头，是否憎恨自己的父母，是否怀疑过自己的性取向。最后一道题更是登峰造极：你曾想过强奸他人或被他人强奸吗？这些问题如此尖锐，像逼着人们说谎，古尔与萨克凯姆说，如果我们羞于承认，而选择回答"否"就是在说谎，因为所有这些问题都是"普遍真理"。那些自欺欺人没通过测试的，即假装从未觉得自己性无能，从未想过自己的父母对自己很刻薄的人，要比那些实事求是通过测试的人过得开心快乐。

乔安娜·史塔列克既是心理学家又是游泳健将，她很想知道，都是游泳，为什么人和人就是有快慢之分呢，于是她把那二十个问题拿给了自己的队友。她发现，自欺欺人未通过测试的人确实游得快。这个测试勾起了我的兴趣，想亲自去验证一下。于是我选了几位学术成就很高的同事，让他们答下题，看看结果是否一致。不出所料，其中出现几位高度自欺者：两人不承认有过性幻想，四人从未发过脾气，两人从未享受过排泄时的快感，六人从未有过不开心的记忆。至于最后一个问题，就是那个关于强奸幻想的，唯一一个答了"是"的人就是我。

那自欺和回忆录有什么关联呢？真相可以说是回忆录文学体裁的基石，但回忆录的创作过程简直就是如履薄冰，一旦讲述真相时有了一丁点儿的自欺欺人，就会掉进虚构小说的范畴。伪造过去创作回忆录就是犯罪，在一本市场定位为非虚构的书中，你编造过去粉饰自我，一定会引起读者的不满。詹姆斯·弗雷的回忆录就是因为造假成了众矢之的，已被集体起诉了十次，被永远钉上了文学的耻辱柱。他之所以罪责难逃不是因为说谎本身，而是因为有意为之，刻意欺骗读者。但对于回忆录这个文学体裁，我们真能依靠自律而保持它不欺骗读者的名节吗？

回忆录永远离不开自欺欺人。人类的心智错综复杂、环环相扣，自欺欺人就是其中一环，要想彻底剔除它，就跟清理鞋底嵌进去的狗屎一样困难。我很在意你们在阅读这本回忆录时是怎样看待我的，也不知道你们眼中的我与我在书中呈现出来的我是不是一样。这些我关注的点势必会影响真相的叙述与展开。

我最怕内容无趣，味同嚼蜡。鉴于此，我把部分细枝末节或砍掉或以概括的方式呈现给大家。这种有意识的编辑又会对故事的真实性产生什么潜移默化的影响呢？可能在有些人眼里我夸大事实、粉饰太平，或是颠倒黑白。其实我只是希望运用多种方法之后，你不会觉得无聊。

长久以来，我们都一直关注着非虚构文学中的自欺问题。圣·奥古斯丁不仅是第一个思考"何为谎言"的人，还是人类史上第一本自传《忏悔录》的作者。他写道："我深深地担忧自己所犯下的隐秘的罪孽，主啊，只有您的慧眼才识得它们，而我却不自知。面对其他酒池肉林、鲜花掌声，我尚且能自律自省，但这隐秘的罪孽，我束手无策。"

# 谎言 37：

## 我要回家了

20 世纪 70 年代，英航每天夜里一点都会有一架航班从沙特东海岸离港起飞。登机手续从午夜十二点就开始办理，艾德和我每次回国都需要在候机厅熬过一小时等待登机，那个年代，候机厅里除了坐起来并不舒服的椅子和卫生间之外什么都没有，窗外是达兰无尽的黑暗，跑道上红色的进近灯一直通向沙漠腹地。

熬过那一小时终于等到登机时，我感觉自己筋疲力尽，也可能是饿得没力气，我自始至终都没弄清楚到底是什么原因。我记得飞机上的早餐永远是橙汁，酸到让人忍不住挤眉弄眼，而我们抵达伦敦的时间是早晨五点，更是苦不堪言。

航程中，因为我们是儿童，所以被"特殊对待"，登机牌是红白条的，脖子上挂着大大的姓名牌。第一次自己乘坐飞机时，到达厅一位"代理父母"在黎明前接到了我们，她是学校高年级的学生。开往学校的夜间卧铺火车要在晚八点从尤斯顿站驶出。

我们在莱斯特广场附近吃了一顿非常正式的午餐，桌上铺着白色的桌布，食物大多比较油腻，吃一点就吃不下去了。我尽力尝试着与她说话，艾德是否与她搭过话我记不清了。后来我们到电影院看了《007 之太空城》。这位"代理父母"对跑这么大老远来接我们俩怨气很大，一整天下来我都能感觉到她的不满。

在伦敦市中心娱乐一天，晚上乘火车到学校的行程是"环球阿姨"这家公司安排的，不过仅此一次，因为这一天的开销都够从伦敦飞到阿伯丁了。那次之后，我们被安排在希思罗机场三号航站楼下飞机，穿过迷宫般的地下通道去一号航站楼，然后乘坐当天第一班北上的飞机。虽然行程变了，但来接我们的无陪伴儿童看护依旧怨气满满。艾德在一封给家里的信中写道，我们的看护人"也不怕我们误机，婆婆妈妈地站在那儿和人聊紧身衣聊了十分钟"。

他在担心误机的事，我在忧心会不会发生空难。之前我们在科威特城因为飞机的一个引擎起火迫降过一次。和妈妈说过此事后，她就给我们在信中罗列了世界上有名的空难。比如巴基斯坦国际航空公司在吉达的那次空难，机上一百四十五名乘客和十一位机组成员全部罹难，起因是机舱内起火；印度尼西亚鹰航空公司道格拉斯 DC-9 型号飞机被"圣战指挥部"劫持等。我在 1980 年 10 月 6 日的信中写道："我刚听说一架三星客机起火了，就在利雅得附近，据说是一位乘客在舱内过道使用煤气炉造成的。大约三百人死亡！"

整个飞行过程中，我和艾德两个人自始至终都提心吊胆、牙关紧咬。一直以来，我们都仰仗着大人，但这段路程只有我和艾德，我们只能彼此依靠。

到达苏格兰时，天还黑着。抵达厅外站着个出租车司机，手里举着一张 A4 纸，上面写着"阿伯乐豪斯"。一般我们都是最先返校的。我独自一人对着空空如也的宿舍，然后仔细看每个铺位脚边竖板上贴着的标签，我会据此来判断室友的床位。在下铺，我一眼看到了自己印着霍利·霍比画作的羽绒被套和枕头套，它们被整齐地叠放在床垫上。我也顾不上休息就开始机械地铺床收拾。

几个学期后，我床上的毛绒玩具逐渐多了起来，甚至都要把我睡的地儿淹没了。上中学时，我狠狠心把这些毛绒朋友扔掉了。每个学期末和学期初，我和艾德依旧在英国和沙特之间乘飞机往返，他仍旧坐在他的托管乘客座位，看他的机上娱乐片。年满十四岁之后，我就不再和艾德一样被"特殊对待"，我坐在飞机的尾部，我在那里抽烟，与身旁的单身男性喝酒，他们是我在候机厅里认识的朋友。

我把自己打扮成流浪汉的模样，手里拎着破烂不堪的塑料包，披着一件从乐施会淘来的大衣，脚上的鞋露着指头，当然，嘴里不能少了香烟。有一回我还和一位奥地利联合国维和部队的队员热吻了；另一次我吓唬艾德，说要和一个在阿姆斯特丹认识的男性同居，让他自己解决住的问题。

但不管怎么样，我们抵达了达兰。海关的工作人员戴着手套，一个个依照伊斯兰教义对旅客的行李进行清查，并翻阅女性旅客的每本杂志。查看杂志画面内的女人是否裸露皮肤，肩膀、脚踝、颈线、手腕等都不能暴露在外，一旦发现不合格的页面后，他们会很享受地拿马克笔把它们涂黑。一切检查完毕后，我们的东西经常变得东一件西一件的，费好大气力才能打好包。

与此同时，我的父母开始盘问我：

"你抽烟了？"或"怎么闻着一股酒味？"

我摇摇头，拎着大包小包从他们之间挤过，迈步踏入沙特温暖的夜晚。

我不怕他们问艾德，因为他会帮我打掩护。就算我和他有种种不合，但我俩始终一个鼻孔出气。我没在阿姆斯特丹抛下他，他也没有在爸妈面前背叛我，尽管他极力反对我那些乖张的做法。

1984 年的圣诞节，我很上心地为父母准备了礼物。但美中不足的是，我忘了提前告知艾德——如果父母发火了，就把责任往我头上推。一路上我只顾不停地夸耀自己的礼物，并断言它们会惹怒海关工作人员。

过海关的队伍蜿蜒成一条长龙，我和艾德跟着一步步往前挪动，我的心也随之紧张了起来。刚抵港的这几架飞机都是满的，所以要涂黑的杂志和需要检查的行李很多。眼看着它们被如此细致地甄别，我的紧张感陡然攀升。到我的时候，海关工作人员给我的塑料包来了个倒栽葱，里面的东西顺着他的手臂，哗地一下全出来了。

在众多物件里，有一罐强生爽身粉跌在桌子上，撒了些粉出来

（令我大失所望的是他看都没看）。这个白色塑料容器里藏了一盒利口酒巧克力，预估爸爸能吃到复活节，他肯定会把蜂蜜甜酒口味的留在最后。

我还把一本《花花女郎》卷进壁纸里放在了行李箱内，为了分散敌人的注意力，我装了一本《时尚 Cosmo》作掩饰。他们果然上当了，而且还傻乎乎地以为抄到了宝贝。

《花花女郎》是我给妈妈的礼物，我想看看她吃惊的样子，也想拿海关的工作人员开个涮。这本出版得比较早，里面有一个跨页画着很多男性生殖器官。我要的只是叛逆的快感。我想逃离学校，并打算在回家途中开始一场叛逆的冒险——酒精、淫秽物品、叛乱。之后的数十年里，不管我多么用力，再也叩不开家的那扇大门。我的家早已四分五裂，记忆中的一家团聚其乐融融早已消散殆尽，我们都回不去了。

## 谎言 38：

### 我说不动他

老实讲，如若不是非说不可，我根本不会动笔写这则谎言。我不想写它主要是因为我确实对这件事没有太多记忆，这也是前文提到过的"动机性遗忘"。我在谎言发生那一日的日记开头写道："这是我人生中最糟糕的一天。"

不得不写的原因是，因为肖恩说少了这则谎言，我的谎言之书就不完整了。

1982 年夏天，马岛战争结束，肖恩参战归来。

20 世纪 50 年代，爸爸与在塞浦路斯服现役的机会失之交臂，所以肖恩成了我们家唯一服过兵役的真英雄，过去是，现在依旧是。服役归来的英雄们 8 月凯旋时，布雷兹诺顿举行了盛大的欢迎仪式，但我们家的英雄肖恩从阿森松岛归来下飞机后，却发现欢迎仪式上我们一家人一个都不在。中士关心道："嘿，你难道无家可归吗？"

肖恩当时确实生出了无家可归之感。

但不管怎样，肖恩掩去了心里的失落，满心欢喜地坐火车回到了爱丁堡。我们家此时是一派其乐融融阖家欢度节日的气氛，这种热闹氛围已经持续到第四周了。此前爸爸和埃德里安因为客厅装修的问题又起了争执。无奈之下，我只好也加入客厅装修的队伍，爸爸冲着我大吼大叫，开口就是这里装得不对、那里不好看，命令我赶紧改过来。

在数年后的一封信里，爸爸对那年夏天没去接肖恩表达出了深深的自责，爸爸反思说他的脾气太爆了，没有做到经常和肖恩沟通，所以不知道肖恩的归来日期，未能去迎接他。然后爸爸话锋一转批评起了埃德里安，说他在"很多方面都让人不满意"。接着爸爸又写道，当时他收拾客厅无法分身，他实在看不下去"一团糟"的壁画。

那次装修仿佛一块沉重的石头压在我的心上，久久不能放下，这种沉重感诉诸笔端时也不能消散。为什么爸爸偏要提起它？

每次想起那次装修，爸爸的暴怒就如同绕梁魔音一般立即充斥耳边："你们都得给我忍着，我就是这脾气。"肖恩一推开家门就看到我们几个在爸爸跟前一副软柿子任人揉捏的样子。

战争是残酷的，我们在英国广播公司的电视节目中也已了解了些许，但始终不能做到感同身受，因此我们不能体会肖恩经历了什么。死亡近在咫尺，他眼睁睁看着昔日的战友在他身旁被流弹击中失去肢体，他拼着命想要将战友炸飞的肢体再拼起来，那撕心裂肺的绝望和战争的惨烈我们都无法知晓。撒切尔发动的这场战争在电视里得以美化，既没提到危岩山战役的白刃冲锋，也没有沙滩上遍布着遗弃的头盔的照片。我们不清楚这场战争如何惨烈，却一次也没有开口询问过肖恩战争的具体状况。

肖恩在家没待多久就夺门而出。

具体情形或许如爸爸在之后的一封信中所写："肖恩摔门而去，我在后面追他，但我说不动他，他不听我的。"

从某种程度来说，这确实是当时的情况。肖恩离开家，爸爸没能说服他留下来。但中间省略了很多细枝末节。

肖恩清楚记得所有事情。虽然我也被爸爸勒令一起去追肖恩，但我什么都没记住。

公交车站离家有一定的距离，但也不算远。车站在路的对面，车站的遮雨棚下有一条廉价的塑料长凳，人们等车时可以坐在上面休息。马路上车来车往，爸爸和我当时应该是困在车流中了。车流散去后，肖恩记得爸爸朝着车站气冲冲地赶过来，我尾随在后。爸爸气势汹汹地一只手攥着拳头，另一只手指着我大声解释道："米兰达过生日。"

在我的日记里，肖恩当着一队等车的人的面回了父亲一句"滚蛋"，那个场面可想而知。

肖恩告诉我，当时等车的人中有一个拄着拐杖上了年纪的女人，还有一位非常健硕的男人——肖恩把他形容为"块儿"，要不是有他们，他俩肯定要拳脚相向的。

"米兰达每年都能过生日，战争却不是年年都有。"肖恩不愿意接受爸爸的解释。

这时那个肌肉男插话道："你去打仗了，是吗，兄弟？"

"马岛。"肖恩简短地回答他。

这时公交车驶进站，打开了车门，那个上了年纪的女人抬起了拐杖向前移动，队伍后面的人跟在后面准备上车。爸爸依旧大声吼叫着，握紧了的拳头也没放下。

爸爸恼羞成怒地叫着说他再也不想见到肖恩，再也不想和肖恩说一个字了。

这时公交司机从车里站起身，爸爸的叫嚷声不但没小，反而越来越大，指着肖恩的手指动作幅度也越来越大。司机终于看不下去了，拿钥匙打开自己驾驶座位隔间[1]的门准备下车，爸爸见状这才停下来，他退到人行道上，继续用手指戳着空气骂着肖恩。

司机回到自己的座位上，一直耐心等着肖恩上车。他开口问肖恩："你刚从马岛战场下来？"

肖恩沉默着点点头，伸手从口袋里摸索出一些硬币。

"别担心钱，兄弟，今天不论你去哪儿，都是免费的。"

此时此刻，我的哥哥再也忍不住，哭了出来。

---

1　英国公交车的司机专座是单独隔开的，上半部分透明，下半部分为金属制成，隔间门上有锁。

# 谎言 39：

## 我讨厌戴娜

　　妈妈打算让我接下来的五年入读公学[1]，因为她很认同这些学校的教育理念。她为我选择了高登斯顿[2]这所学校，这样一来就能向外祖父外祖母证明自己的婚姻也没那么差，她的眼光仍然独到，和伊丽莎白二世女王一样独具慧眼。在参观罗丁女子公学时妈妈就做了这个决定，那个领着我逛校园的女孩，说出来你可能不信，她是光着脚的！

　　每次一说到我在寄宿学校的那些年，我都会控诉自己被遗弃在了苏格兰的一个鸟不拉屎的地方，完全要自力更生（不考虑艾德）。没人和我一个鼻孔出气，一个都没有。但严格说来也不是真的一个人都没有，有一个看上去根本不可能但确实同情我的人。

　　那个人是我的宿舍管理员，名叫玛·泰特，有些人则称她为戴娜。当我们试图挑衅惹火她或给自己壮胆时，会故意叫她"玛"或是"戴"。

　　戴娜个子不高，身材单薄，留着黑色短发，性格比较不好相处。她的嗓音很有辨识度，刺耳又不失优雅，就像奥斯丁小说里的舅妈一样。她的孩子们已经离家，丈夫也一样。一个周六的下午，她跟我说，即使家里没有男人也没关系，她自己可以打开热水罐的盖

---

1　公学与公立学校不同，是指英国的公共学校，一部分公学与皇室有关，另一部分是由一些较富有的社会人士设立的，为他们的子女提供教育。

2　查尔斯王子等英国王室成员的母校。

子，只要罐子里有足够的热水。

戴娜开一辆大众尚酷，飞驰而来，绝尘而去，我们从未在她的车里见过有人与她同行。我们每次看着她的刹车灯逐渐消失在夜幕中都会发出嘘嘘声，就像赶默剧中的坏蛋下台一样。

戴娜在一份报告上说我注意力不集中、经常摆着一张臭脸，还说我无所事事。她形容我时用了一个词"绵羊"，还挺准确的。有时在早晨课间我会被叫到教员室外，之后戴娜就会出场，一手拿脱脂棉一手拿卸妆油，要亲自给我的眼睛卸妆。

不管和谁讨论到戴娜，我都会反复大声强调我讨厌她，但其实这不是真的。不久之后，戴娜送了我一本安妮塔·布鲁克纳的《杜兰葛山庄》作为礼物，并对我长时间以来躲在房后吸烟这件事选择了睁一只眼闭一只眼。她还邀请我去她的起居室坐坐，能受此殊荣的女孩子并不多。她为我沏了茶，还端来蛋糕让我品尝。我猜她这么做是因为在 1981 年 10 月的一个星期六下午，她窥见了我的世界后内心起了涟漪。

我来高登斯顿上学时，爸爸给我买了一辆崭新的自行车。现在回想起来，他是希望这辆海军女士型号的自行车能提高我的身价，不会因为可怜兮兮的爱尔兰裔背景被人瞧不起。不过买这辆车的钱不是一笔小数目，它是一笔"数额巨大"的开支。

虽然这辆车价格不菲，但还是被我随随便便停在了车棚里，因为考虑到其他因素我不得不那么做。新升入三年级的女生们开始划分自己的阶层，聚成一个个小圈子，就像沙子经过网后，会将石子、粗砂、细沙等区分开来。两周以来，可怜的我被孤零零地剩下了，任何圈子都不愿接纳我，我只能希望早餐的时候，其他人见我坐下后，不会立即起身换到其他桌子去。那个没有自行车的团体成了我最后的救命稻草，所以我只能假装自己没车。但我知道，我的那辆自行车就在车棚里。

那半个学期里我藏着这个秘密，每分每秒都是煎熬。在我快要撑不下去的时候，爸爸来接我了，他终于来救我了。出乎我意料的是，他没参观我的寝室，而是小跑着绕到了宿舍楼后直奔着我的自行车去了。我紧赶慢赶跟在他后面，胃里翻江倒海，心似油烹。上一次看到我的自行车时，它如同一具支离破碎的尸体，车座和后挡泥板不翼而飞。

车棚的棚顶是用瓦楞铁皮制成的，给人一种阴郁的感觉，爸爸进到里面时，我本能地往后退了几步，紧紧闭上了眼。他看到了那辆残破得不像样子的自行车后一言不发，之后发疯一般把每辆残破的自行车都拖出来，狠狠砸在了路上。它们散架的散架、断的断，一辆辆绞在一起，四周尘土飞扬。而我的内心像负了千斤重担，越来越沉，怕极了的我想要立刻去厕所小便，我终于懂了"被吓得尿裤子"是什么情形。

所有的都砸完后，他手里拎着我那辆面目全非的自行车走出车棚。那辆自行车只剩下了车架子，所有零部件都不翼而飞，和被吓得魂飞魄散如同行尸走肉的我一样。

如果要我一字不落地复述出爸爸那天砸车时咆哮的话来，那我只能说谎瞎编了。那个下午，我的意识在面对恐慌时坍塌萎缩了。我唯一能记住的就是他雷霆般的愤怒还有震耳欲聋的吼声，还有他那句"找泰特女士理论理论"，我跟在后面苦苦央求他不要去。

快到门口时，我慑于他的愤怒不敢再开口，索性一把把他拽住，他扭动着想要挣脱，我那辆自行车的尸体在他手里晃了晃，但没掉下来。

泰特正在开家长会时，爸爸哐地一下从后门撞进屋里。一对夫妇慌乱地从里面跟跟跄跄地逃了出来，他们在门外站定后拍打着满身的尘土。爸爸在里面又吼又叫，声音透过窗户和墙壁传到了我们耳中。其他依次逃出来的家长险些被门口的沙砾绊倒，他们纷纷向屋子里张望。爸爸在里面怒吼着什么太他娘的浪费钱、学费贵得离谱像敲诈勒索一般、学校又无能透顶之类的，爸爸声音大得隔着老远都能听到。越来越多的家长从路虎揽胜、捷豹车中下来，望向泰特家的厨房门。

我听到厨房里一声脆响，自行车碰在了福米加中心案台上。我扒着窗户往里看了一眼，看到屋里的状况时不禁尖叫了起来。

泰特镇定地注视着眼前这个不成熟的男人暴跳如雷，她可能还注意到了扒在窗户上的我。当时我在窗外单脚站着，两臂上下摆动，手扒在窗户上保持着平衡，就像要飞起来一样。不久之后，泰特房间内暴风雨般的吵嚷终于停止了，但厨房里漫溢出来的沉默让人窒息，足以吓傻一个当时我那个岁数的孩子。那是爸爸最后一次来学校看我。

# 谎言 40：

## 我无能为力

关于高登斯顿，我有许多难以忘怀的记忆，其中最难忘的一个发生在电视广播室里。那是一个周六的下午，广播室里尽是一些让人看不上眼的土包子，他们连校服也没脱，坐在那里痴迷地看英超联赛白天的对阵或是黑白电影。我想着去抽根烟，但没决定是趁着橄榄球比赛开始前去还是等比赛结束之后去。我心里还惦记着要不要从简那里借靴子穿，真的是越长大越开始纠结一些鸡毛蒜皮的事。不过这样也好，把心思扑在这些细节上，总比一门心思惦记着还有八周才放假要好得多。

从窗户向外看去，秋日的落叶覆满路旁的草地，红艳艳的一片，寒风吹过，路面萧瑟了许多。在那片树林间，我看到了艾德，他独自一人走在路上，低着头双手插在口袋里。这是他来这里的第二或第三周。他看起来满面愁云，沮丧至极，即使我在二百码开外的地方，也能感受到那种失落感。我不忍再看，把目光转向了别处。

整个电视广播室里弥漫着无聊的氛围，就在这个时候我发现了一件糟糕的事——我的烟只剩下两根了，我对自己说，赛前一支，赛后一支，整个下午就这样顺顺当当过去了。

数小时后，校橄榄球比赛结束了。赢的那队的十五个人笑闹着从场地中走了出来，我注意到他们脚上的靴子，以及腿上全是泥的队衫，粗重的呼吸遇冷全都凝结成了雾气。我本该去吸第二支烟，但简想让我陪着她一起去男生的综合公共休息室，她要把她男朋友的橄榄球装备拿回来清洗。

虽然男生公共休息室的设备和水暖管道（外置在每堵墙的顶部）和我们女生的一样，但男生的休息室毕竟是男孩子的国度，毫无疑问散发着脚臭味和潮湿衣物的霉味，所以我一般不会去，而且男生公共休息室里尼龙面的箱式扶手的椅子还裂了一个大口子。我们站在门口棕色的瓷砖上看着男生们出出进进。

简是男生宿舍的常客，她丝毫不觉得拘谨。她走到一把椅子旁直接坐了上去。我焦急地看了看表。防火门后面传来越来越大的响动，里面的声音隔着门传了出来，乍一听像是在聊什么有趣的事情，但细听会发现里面夹杂着其他的声音。

"里面是在干什么？"

简耸耸肩表示自己不知道。

"我们要不去外边转转，顺便吸支烟。"

防火门突然开了，走出来的不是三年级的男生，而是简身材高大的男朋友。他刚冲了淋浴，头发湿漉漉地滴着水，手里抓着脏兮兮的装备。看到我在他有些不开心，只是朝我这边微微点头示意算是打了招呼，然后他紧挨着简坐进了那把椅子，把简抱到了自己的膝盖上。

他们咬耳朵时，我瞥向那扇门，虽然隔着门音量削弱了，但还是能听到里面交织的喊声和笑声。此情此景，这笑声丝毫不能使我感染到一点儿快乐，反而让我觉得更加难熬。

突然，门砰地一下又打开了，我看到一个四年级的男生靠墙站着，手里拿着一罐除臭剂。要不是他冲着过道喊叫，我都看不到远处还站着一排低年级男生，他们一直用手抓着热水管道，身体悬在空中，要是受不了热水管的烫，一松手就会像挫伤的苹果一样纷纷掉下来。

"除臭剂有什么用？"门关上后我问道。

"什么？"简的男朋友四下看看。

"我说除臭剂。"

"把火柴放进除臭剂就会像烟火一样，你没这样玩过吗？"他对着我摆摆手，"只是个游戏啦，没什么，就是看在除臭剂里的火焰熄灭之前谁能坚持最久。"

我想问他里面受折磨的这些低年级男生里有没有艾德，但如果问了是不是就会授人以柄，说弟弟靠着姐姐逃了。我安慰自己说如果自己插手了，可能会使艾德处于更加不利的地位。他根本不需要我去救他。

我冲简和她男朋友笑了笑，然后从男生休息室退了出来，走到了男生楼外的水泥台阶旁。树叶落下时，有的卡在了篱笆上，有的斜插进了茂密的草丛。我一边绕着树渐渐远离男生楼，一边宽慰自己艾德或许根本就不在里面。走到再也看不到男生楼的地方，我蹲下身在大衣的口袋里翻找着火柴。我翻出了最后一支烟点上了，我开始想晚上要吃什么，这周剩下的许多个小时还不知道要怎么过。

# 谎言 41：

## 总有一天我会举报他

读书室走廊的坡度很大，克拉夫女士向上爬坡时总会昂头挺胸以保持平衡。克拉夫女士是我们的导师，有人在读书室做讲演时，她就会来维持纪律，以免我们说闲话打扰到主讲人。她第一次给我做辅导时说，要好好利用学校提供的机会，不论是参加曲棍球队还是演奏一种乐器都行，只要我能潜下心来全身心投入，肯定能干出些名堂。

四年下来，我在这两方面不见任何起色。打曲棍球要在冰冷的场子里不停地跑动，吹奏单簧管要有巧舌，而且这些单簧管不是裂了就是声音不对了。所以，即便我已经长得和她一样膀大腰圆，但每次去接受辅导时依旧如坐针毡。半个小时的辅导里，我小心谨慎地避开曲棍球和单簧管，也不能提讲演的事，因为我到现在站在台上也还是做不到落落大方。

现在回忆起克拉夫女士，我依然无法准确描述她的性格。我用成年人的眼光去看待她，苦苦思索她有着怎样的人生。但每次一想到她，感觉她就像谜一样，让人始终无法破解。克拉夫女士喜欢宿舍楼大搜查，她会把我们集中关在综合公共休息室里几个小时，然后把我们的寝室翻个底朝天。刚来学校的时候，稍微做些有违良心的事，我就觉得自己罪孽深重，将来一定会受到报应。但随着年龄的增长，胡作非为的次数也多了，反而就不担心了。担心是奢侈品，我没那么多时间和精力去为担心买单，我需要的是集中注意力去做其他的事。

通常情况下，十英镑钞票被盗、随身听自己长腿跑了这种东西失窃的事，在富人群体屡见不鲜，根本用不着大惊小怪。大搜查肯定搜不到赃物，但遭殃的是我们的"命根子"——烟和酒。

有一次她给我辅导时聊起了直肠检查，但我不记得是怎么聊到这个上的。或许是她问我为什么不参加曲棍球队或吹单簧管，我说我的胃不好，经常会剧烈地疼痛，严重时会立刻昏倒在地。

"你去看了学校里的医生了吗？"

"看了。"

第一次还能糊弄过去，第二次就没那么幸运，她逼着我去看了校医。

"怎么样？别怕，孩子，他跟你说了什么？"她看着我问道，但我没敢看她的眼睛。

"不是阑尾炎。"我嗫嚅着回答她。

"他给你做了直肠检查吗？"

"什么？"

"他把手放在你的屁股上了吗，亲爱的？"

克拉夫女士本该是我可以交心深谈的成年人。我经常在她这里接受辅导，加起来的总辅导时间能有好几个小时了。每次我都坐在沙发上跟她东拉西扯，试图掩盖自上次见面以来丝毫没有进步的事实。

但在我的记忆中，只有那个下午在谈及直肠检查时我们才聊到私人问题。我点点头以示回答她那个"屁股"的问题。克拉夫女士难掩内心的激动，她胖乎乎的手紧扣在一起，放在了大腿上。窗外三个女生尖叫着疾驰而过，打破了屋内的沉默。

"他做了几次？"她问道。

"两次。"

"两次？"

她站起身走到办公桌旁，胡乱地翻开桌面上的纸张，终于在其中找到了一支笔。

　　"我一直在做'直肠审查',也就是搜集他做直肠检查时手脚不规矩的证据。"她打开一个小笔记本,在上面做了标记,"我搜集到足够人证时,一定会考虑举报他。"

# 谎言 42：

## 这特别不合适

婴儿确实是有记忆的，但我们长大后很少能回忆起自己咿呀学语时期的事情。事情要说出来才能记得住。记忆在被整理归档之前，需要先被编成故事，这样它们才能留存下来。

为了巩固记忆，除了语言上的重复外，还要培养自己在现实世界的定位能力。我们的海马体中有"位置细胞"，它们能帮助我们形成认知地图，区分不同的街道、熟悉的建筑、篱笆上木门的位置等等。出行时，我们习惯于依赖汽车导航仪器中的"下个出口右转"，但如果你锻炼自己在现实世界的定位能力，不仅能让你不做路痴，还能更快地索回自己的记忆。

诺贝尔奖得主约翰·奥基夫、梅·布丽特·莫泽和爱德瓦·穆瑟认为，记忆的"精神旅行"由位置细胞掌控，所以提升定位能力有助于我们更好地记忆自己的过往。伦敦的士司机的大脑中拥有更多的灰质，这与他们阅读实物地图的高超水平分不开，这种能力可以影响海马体的功能和大小。如果我们把记忆里的地图和罗盘如"刀枪入库，马放南山"一样对待，那海马体就会缩小，这也会导致早期痴呆。

记住或遗忘是再正常不过的了，也没什么好担心的，可沉迷假想就是另外一码事了。难道是我记错了吗？真的有过这次导师辅导吗？我确实是在克拉夫女士那里做过很多次辅导，但我难以想象她竟然问我直肠检查的事。我的日记中也没这次谈话的记录。所以，这真的发生过吗？

我们有些人很容易被人诱导。我曾在"谎言7"那部分提到过心理学家伊丽莎白·洛夫特斯，她做过伪记忆的研究。洛夫特斯对我们是如何遗忘的并不感兴趣，她热衷于研究我们为什么会记住没有发生过的事。洛夫特斯在美国的一项研究发现，有二百二十五位被告人皆因为证人的伪记忆证言锒铛入狱，但后来的 DNA 检测结果又判定他们无罪。洛夫特斯认为记忆就像录入维基百科词条一样，我们自己可以录入修改，其他人也同样拥有这个权利。

我一直对自己关于那次直肠检查对话的记忆持怀疑态度，但好在我从未提起过它，不然就真成了洛夫特斯口中被他人影响的例子。我担心我之前写的几个谎言是不是我的"伪记忆"，包括 T 先生的"生日泡澡"、裸泳以及直肠检查是不是都是我假想出来的。我没有刻意迎合观众的口味，如果真要迎合，我应该考虑要不要把回忆录写得更悲惨一些。

不过就算假设一切只是我天马行空的想象，我也无法凭空捏造出克拉夫女士的那个词——"直肠审查"。我不会想到医生戴上橡胶手套，用润滑剂润滑会有什么问题，更不会想到他用手检查我的屁股不是出于工作需要，而是因为个人喜欢。检查的过程很不舒服，还伴随着强烈的羞耻感，具体的感觉我已经不记得了，但我看着墙壁，想在上面找个污点或标记盯着看，以缓解局促感的记忆还在。如果克拉夫女士没有提到收集证据这一说，在我的记忆中，那次直肠检查只是简单的检查，根本不可能与虐待挂钩。可这样一来，也变相证明与克拉夫女士的那次对话是存在的。

可是我真的与克拉夫女士进行了那次谈话吗？

想到这里，一阵焦虑袭来，我重新审视了一番自己有关性侵的记忆——T 先生的"生日泡澡"、裸泳，还有校医的直肠检查。然后我试图在高登斯顿校友的脸书群里寻找答案，我选择了三者中我最不怀疑的那个发问：

"有谁记得 T 先生的'生日泡澡'？"

细节描述中我用了"拖拽"和"扒光"，可能有些言过其实了。

发布之后，我等着人来回复。

那些没在这里上过预科的人被我所描述的事情恶心到了，他们的回复除了对这件事表示厌恶，没有任何佐证我记忆的东西。很快我的消息引起了另一批人的愤怒，他们表示之前在这里度过了美好的时光，他们说我一定是记错了，而且发表这样的言论特别不合适。

三天过去了。

总得有个人站出来吧，肯定有人记得的。"生日泡澡"的确发生过，绝对不是我杜撰出来的。在众怒之下和一致否认中，我动摇了。后来我又单独问了薇奥莱特有没有这回事，她也矢口否认。过往的事实只有一个人留存记忆可谓是全世界最孤独的事了。

我撤回了这个问题。在泪流满面中，我郑重地向被我污蔑的 T 先生发表了道歉声明。要是没有一个人记得"生日泡澡"这回事，我就不得不承认这是我自己假想出来的。这对我来说真的是最艰难的一次道歉了，因为我的记忆出了错，"生日泡澡"是我的记忆杜撰的。

在我接受自己记忆出错后不到一小时，事情发生了转折，伊娃在群里回应了我，她就是当初靠说谎帮助我们逃脱了裸泳的那个女孩。她说她记得"生日泡澡"，但不觉得当时那个年纪"生日泡澡"有什么不妥。然后她主动在群里问了我一直想要求证的事，她问是否有人记得 T 先生的裸泳。

自此我对脸书和这个群组上了瘾。一个下午的时间，在这里我先被无情嘲讽后又被救出苦海。在伊娃起头之后，众多学生对教员不轨行为的揭露如涓涓细流逐渐汇集成滔滔江海。我在这些年里遭受的不公与欺辱也终于得到证实。

# 谎言 43：

## 我要去死

第一次起了自杀的念头时，我想到的是跳海。

我的祖父也痴迷于"高空坠落"的感觉，他站在灯塔上迎风而立，告诉自己的弟兄们他会飞。我没想过飞，对会飞也没什么兴趣。我只是想从高处跳下去。

妈妈当起了甩手掌柜，把越来越多的照顾孩子的琐事推给了学校。她在一封信里写道："我给宿管写了信，让她帮着处理你脚上的疣和牙齿的问题，就算治不好，起码也带着你去医院看看。"

我不记得妈妈在什么时候为我制订了一个按时测量体重的任务，要求我每周二早晨去一趟学校的疗养室称体重。后来有人和我解释说是因为妈妈发现我胖了不少，所以她希望通过这种每周一次的羞辱（我敢肯定他们用的不是这个词）让我管住自己的嘴，克制食欲。

周二的时候，我第一次站在了大型体重秤前，身旁还有一群聒噪的女孩子，我和她们可算不上朋友。宿舍管理员拿着记录册从我们之间挤过，朝着背对我们放置的体重秤走去。

"下一个，快点。"宿舍管理员冲着叽叽喳喳说个不停的女生们叫道。

我踩上体重秤时，周围突然变得鸦雀无声，只有体重秤发出响声。其余每个人都侧身瞄着读数盘里的指针，看着它左右摇摆，一前一后，一前一后。

有人小声读数："十四石重[1]。"

宿管一边记录，一边大声说道："行了，下去吧。"

除了周二，其他时候我也会被叫来称体重，其实我和宿舍管理员都并不情愿来做这个。称体重非但没能抑制我的食欲，反而刺激了我的胃口。数周之后，我看到指针越来越接近十五。

我的父母为了省心，把对我的管教都推给了别人来做。他们想出了众多几乎要把我逼上绝路的措施，周二体重计划的杀伤力只能排第二。那时候，我已经在寄宿学校就读六年，成绩很差。我苦苦央求着让我离开。

当时我们六十个女孩子共用一个公用电话，往沙特打国际电话又慢又贵，所以整整七年我只给"家"里去过一次电话。那次通话过程中，数年来的委屈和绝望使我号啕大哭，我一遍又一遍问自己能不能回家，其他的什么都没说。

关于这个电话，我在日记中只是模棱两可地提了两句，爸妈当时被我吓到了，立即给我回了电话，还说他们与宿舍管理员也沟通了我的近况。日记的字里行间都透露着绝望。

最后，我被告知校长要亲自和我谈谈。日记里清楚记载着我被校长两次爽约，他的秘书从来没有为此事和我道过歉，就让我在校长办公室外那么干等。两周，爸爸给我写了封信，现在这封信已经残破到无法看清字了。

"我想让你待在高登斯顿，（明白了吗？）实在待不下去了再说。"

爸爸还用三个例子向我阐明，学习成绩差并不影响以后成为伟大的人物。我在回信上刻意把我的不开心和成绩差写在了同一段落，但很显然他没领会我的意思。他根本就不在乎我的想法，不想管我的死活。

---

1　英制单位，一石等于十四磅，约 6.35 公斤。十四石约为 88.9 公斤。

"普通水平和高级水平[1]不是人生的全部。"

爸爸说得对，它们确实不是。

校长终于有时间见我，他小小的个头儿坐在一张大桌子后面，脸上带着漫不经心的笑容。

"米兰达，我听你爸妈说你想转学。"

"是的。"

"想好哪所学校了吗？"

我很害怕开口后听到他的奚落嘲讽，于是死死盯着地毯上的图案，想着之前在这个地毯上被打的那些男生。

"我不清楚。"

"你知道即使转学也要寄宿的吧？"

我什么都没说。

"你在听我说话吧，米兰达？你应该不知道你的父母现在有多么为难。"

我还是没回答，他看了看手表。

"那好吧，这次就到这里，我早晨的时候会再给他们打电话。"

接下来的几个小时里，我决定扔掉所有的书，然后自己去跳海自杀。

从学校门出去到悬崖大约一千六百米，田野间有一条直直通向悬崖顶的路。我胳膊里抱着阿登版[2]《奥赛罗》和《哈姆雷特》，拉铁摩尔译《伊利亚特》和《奥德赛》，以及《印度之行》和《骑士的故事》（既然这本书的名字里有"骑士"，那它肯定要第一个被我扔下悬崖，因为它要身先士卒才能彰显出骑士本色）。

天空是灰暗的，像极了我从学校出来时的心情，豪普曼至洛西茅斯的公路上一辆车也没有。路的那边新植了一片小树林，一排

---

1　英国普通教育证书，为大学本科入学的国家标准，分为普通水平和高级水平，即"O级"和"A级"。普通水平考试一般十六岁时参加，这是法定最低离校年龄。经过两年的进一步学习，十八岁时参加高级水平考试。

2　此版本的莎士比亚作品有专业学者的导读和详细批注。

常青树的树苗英姿飒爽地站在路牙旁的草中，它们的枝丫几乎贴着地。虽然这里不是最佳的吸烟地点，但这可能是我人生的最后一根烟了……

翻过篱笆，我钻进了一片针叶林，那里足足有上百棵树，小灌木丛也长满了刺，每走一步都会被扎。我与它们大战了三百合也没走出去多远，仍然可以看到公路，所以我暂时放弃了前行。我从乐施会的大衣里掏出烟，应该是万宝路或骆驼的，要是别的牌子，我连烟都散不出去，就更没法交到朋友了。我一直没碰到过中意的打火机，所以火柴总是备得很足。风很大，火柴一着就灭，一用力就断，地上火柴尸横遍野也没点着烟。

我又掏出一根，嚓地一下着了，可还没来得及点烟就又灭了。在这一着一灭之间，我听到有人从树下的灌木丛中走来，应该是个成年人。我感觉到危险的气息离我越来越近，但我丝毫不害怕，不就是死嘛，谁怕。有了这种超然的心态，我又划起了火柴。

弯腰穿过树丛走过来的男人，不是老师，而是一位陌生人——每位母亲都会警告自己的孩子不要轻信陌生人，以防他是个十恶不赦的坏蛋。这个陌生人看上去是当地人，二十多岁的样子。他坐了下来，从大衣里翻出一个小巧的扁酒瓶和一只打火机，雪中送炭得如同我肚子里的蛔虫一样，对我的需求一清二楚。他靠近我，用手护着火焰点燃了被我揉搓得有些变形的烟，接着他也给自己点上了一支。我现在只记得他棕色的夹克，还有酒灌进喉咙时那种火辣辣的暖意。

我很怕他鄙视我半吊子的英式发音，如果他真的嘲笑了我，还真不知能不能受得住，因为那时我极度厌恶我自己。幸好这些都没发生，我们只是聊天，直到喝完了所有的威士忌，抽完了所有的烟。

日落西山，树之间的光线也暗了下来，我借他的手表看了下时间。

"马上要到下午茶时间了，"我和他说，完全忘记了自杀这回事，"我该回去了。"

我跳过篱笆时转身冲他挥挥手，然后穿过了马路，胳膊里还抱着那摞书。他也向我挥手致意了一下，之后消失在了树丛中。生之希望未经寻找就悄然降临，陪伴了我整个下午。

# 谎言 44：

## 这种事不会发生在我孩子身上

查尔斯·艾森斯坦是一位激进的经济学家，他认为公司在做品牌推广时使用的夸大其词的广告语正在毁灭语言。谎言文化大行其道，我们却视之如常，"维护正义的全球力量"和"自由"本是美国海军所追求的崇高理想，现在却成为鞋子的品牌宣言。我们身边到处都是谎言，又何必在意唐纳德·特朗普到底说了什么鬼话呢？记者逐条罗列出了他在竞选活动中所说的谎言（截至大选周，据"政治真相网"调查，他所有陈述中谎言占比高达 70%），我们也知道他欺骗了我们，但谁又会去较真呢？

政治体制将真相乔装打扮，拆开揉碎之后再重新捏造，才呈现给大众。美国卷入伊拉克战争；银行家们谎话连篇，上下其手操纵伦敦同业拆借利率；安然公司通过做假账蒙混过关；天主教神父性侵儿童，无人发声。我最熟悉的体制谎言还是来自公学的，有听来的，也有真实发生在我身上的。

精神治疗医师认为寄宿学校对孩子的精神残害等同于精神病院。在某种程度上，寄宿学校的孩子都不能幸免于虐待，施虐者多是与他们朝夕相处的人。只要处在集体生活中，他们就不得不与其他人接触，不得不设法融入集体。一些孩子为了融入小团体甚至会不择手段，因为他们不想品尝被孤立后的滋味。

大部分男孩子拥有气枪、刀具、弹弓等武器。高年级的孩子会在黑夜和周末对低年级的下手。这两个时间点最容易得手，学生与教员的比例在晚上为六十比五，在周末为六十比一。这两个时间也是最无事可做的两个时间，无聊是滋生罪恶的温床。

坏了的文胸，撕碎的裙子，这些在我的日记里都有迹可循。我还记得有两个男生来扒我的衣服，我拼命抓着裙子的情景。他们欺负我一个女生，是因为憎恶自己软弱，憎恶自己在被其他人踩在身下、用枪射或折磨的时候无还击之力。这种无法反击的绝望长期压抑在心中，逐渐演变成愤怒，于是就转而欺负我们这些更弱小的人撒气。一天晚上他们约我到外面抽烟，结果最后他们逼着我双膝下跪给他们提供性服务。这不是强奸，他们只是想让我顺服而已，在这场狩猎与被猎的游戏里，每个人都清楚自己的位置。

有几天晚上，借助手电的光，我蜷在桌子下把威廉·博伊德的《高校风云》的引言看了一遍又一遍。他用喜剧的表现手法直白地描述了自己在高登斯顿的日子，看完之后，十六岁的我久久不能释怀，如同得到救赎，感谢终于有人说出了真相。

可就算有了《高校风云》这确凿的证据，我也没有勇气站出来，这证据太脆弱太不堪一击了。我虽然没有恃强凌弱，但也没有站在弱者那一边替弱者发声，这使我产生深深的自我厌恶，而且这种感觉如影随形，无法摆脱。

学校里努力尽父母责任的成年人也有为我们说话的。有些孩子犯下十恶不赦之罪后，我们从未听说他们被开除。为应对媒体，校方会把这些孩子藏起来以便打马虎眼。有这样的榜样，我们作为下一代肯定也是有样学样，怎么可能会站出来替弱者说话呢？

具体的细节并不重要，重要的是我们真的安全吗？

我问艾德的看法时，他提醒我说，高登斯顿的气枪确实不少，但他唯一一次被射到可是在家里。

肖恩开枪打艾德时，刚好是他在兰诺克学校上学一年，那也是寄宿学校。兰诺克学校建在通往兰诺克沼泽腹地的公路线上。学校里阴森森的，就好像身临阿尔卡特拉斯岛监狱一样。兰诺克学校虽然债台高筑，但一直勉强支撑着运营，直到2002年学生间的性侵事件见诸报端才真的倒台。一个毕业生告诉我，要想在兰诺克学校活下去，就必须向高年级的男生提供性服务。

六十二所重点独立学校曾雇佣过被指控虐童的男性员工。三十所学校的员工曾因拥有儿童色情读物而被起诉，伊顿公学和马尔伯勒公学赫然在列。2010年，高登斯顿解雇了一位下载虐童照片的数学老师，现在又面临史无前例的儿童性侵指控。一位二十岁的女生声称在亚伯乐的野营探险中被工作人员强奸，另一个案子是一个男生被另一位男生重度性侵。

奇怪的是，此类判刑和指控对学校的招生没有丝毫影响，等待入学的学生名单还是那么长，几所独立学校的媒体顾问汤姆·布卡南说道："我担任顾问的那几所学校，想不出哪所学校招生数量降低了。"这表明大家普遍接受了学校存在这种风险的既定事实。当然，家长们肯定认为这种糟心事不会发生在他们的孩子身上。

# 谎言 45：

## 我性冷淡

周日下午，我约了莉莎去她那里看房，合适的话就与她合租。公寓在伦敦西十三邮区的德雷顿格林路。莉莎穿着一件淡蓝色的和服，从乱糟糟的屋子里走来给我开门。昨天晚上应该是在这里办了派对，屋子里一片狼藉，连下脚的地方都没有。她弱柳扶风般地走回沙发旁，像只猫一样地蜷在了上面。莉莎有一种病态而纤弱的美，这时我注意到她脚上穿着精致的中国拖鞋，纤弱的手腕和优美的脖颈从丝绸的和服中露了出来，一副宿醉未醒的模样，我看房时她一句话都没说。

几天后我搬了进去，派对遗留的味道仍未消散，颜色有些奇怪的粉米色地毯也透着那股味。房间被沙发一分为二，这张沙发和我的床充当待客区，旁边是壁炉，里面堆满了马提尼酒的空瓶子，一台笨重的电视机架在一把厨房椅上。

莉莎和我的新舍友萨曼莎，与苏格兰的那些女孩截然不同，她们会煮饭烧菜。她们得知我吃那些垃圾食品之后异常惊讶，后来就鼓动我试吃她们的新菜品，有时甚至亲自喂给我吃。

我搬来后不知不觉体重减了不少，或许要归功于她们对我的照顾，也可能单单是我逃出高登斯顿的缘故。在高登斯顿多年的寄宿生活真的太痛苦了，压得我喘不过气来。纵然租来的房间逼仄狭小、乌烟瘴气，但现在每天清晨睁眼时，我能感到从未有过的轻松畅快，活着真好。不论往事多么痛苦不堪，它们都已经成了过去。

除了饮食外，莉莎和萨曼莎带我见识了不一样的伦敦，向我灌输了婚姻并不是必需品而是可以被替代的观念，比如事业和性都可以成为婚姻的替代品。

离开学校时，我对这方面了解得并不多。要是谁对男孩子没兴趣，那她一定是性冷淡。在家里，爸爸说妈妈是性冷淡；到了学校，男孩子形容我是性冷淡。我受到校园霸凌有多重原因，红头发、满脸雀斑、蠢、胖，其中最能惹到他们的莫过于性冷淡。谢天谢地我来了伦敦，我有预感，伦敦对我性冷淡问题的解决指日可待。

萨曼莎与男友同睡一床，我和他们共处一室。萨曼莎对这种毫不避嫌的安排完全不介意，所以她希望我也可以坦然处之。

这种缺乏隐私的事对我来说已如家常便饭一样屡见不鲜，就像寄宿学校里高高挂在墙壁上的那种公用电话，卷曲的公用电话线可以拉长，你完全可以坐在卫生间门外的地上打电话，还能把脚抵在金属栏杆上，但你说的每个字，整个房间的人都能听到。托莉莎某任男朋友凯文的福，我现在仍然记得我们的号码，因为电话铃一响，他总是一个箭步抢着去接电话。

"1645。"他操着浓厚的美国中西部口音喊道，"请问您是？"

凯文和我在同一个周日的下午来到这个公寓，只不过当时我来看房，他拖着行李箱搬来入住。周一时，莉莎习惯性地穿着那件和服，脸色要多难看有多难看，就好像有人把狗屎踩在了她的地毯上一样。莉莎在凯文之前还交往过好几个男朋友，我并不知道他们的姓名，因为莉莎在交往的过程中喜欢脚踩两三只船。

凯文金发顺垂及肩，层次感明显，他吃起司通心粉从来不加热，直接从易拉罐里舀出来吃。一个周六的下午，莉莎和萨曼莎都出门工作了，家里只有我和凯文，他坐在沙发上，一只手的手心里放着一小撮大麻脂，手指托着一个没有罐底的可口可乐罐悬空在大麻脂上方，另一只手用火柴点着了大麻脂，大麻脂的烟透过可乐罐往上飘，他往前凑了凑，把烟吸进了嘴里。

"你有男朋友吗？"他猛烈地咳嗽着，好容易吸了口气上来。

"没有，现在没有。"

"你想交男友吗？"

我耸耸肩。

"莉莎对我不满意，"他吐了口气，"我不知道她怎么想的，她到底要什么。"

我和莉莎没讨论过这个，但我大概也能猜个八九不离十，我睡在他们隔壁，能清楚听见他们的动静，凯文满足不了莉莎。

我躺在床上天真地想："虽然莉莎无法得到满足，但至少不会像我一样感受到被视为性冷淡的耻辱。"

# 谎言 46：

## 耶稣已为你做出最好的选择

《为了生存，我们必须讲故事给自己听》是琼·狄迪恩非虚构作品集里的一篇文章。每个人储存的记忆经过编排和讲述后，形成了我们区别于他人的个人身份。这些自我故事具有独一无二的个人属性，但在叙述时，我们更关心它们精不精彩、有没有听众捧场，并不在意它们是否真的发生了。

我在酒吧和宴会上多次讲过自己的故事，德雷顿格林路的故事就曾被讲述过，大家最喜欢听的是关于莉莎这一部分的故事，热捧程度完全不亚于《当哈利遇到萨莉》里晚餐伪高潮那一幕了。莉莎为大家证实，不管你是真的高潮还是装的，男人根本分不清。

故事就像记忆一样，在复述和经年累月的打磨中固化，一点点从真到假。小说家的创作也遵循这一过程，将现实生活打磨成诉诸笔下的另一种真相。小说的写作逃脱了樊笼，不必拘泥于现实，它可以用清晰的脉络为我们揭示残缺的人性，从而影射现实，让我们认清自己。读小说时，唯有默认它是假的，你才能享受它的精髓，不然锱铢必较就没有乐趣可言了。如果在开口之前就怀着一颗不真诚的心，那说出来的话肯定是谎言。我们在家、工作单位、学校与他人聊天分享故事时，一般不会抱着欺骗他人的心思胡说八道。要是你在酒吧、咖啡早茶会或操场上骗大家，你一定会被轰出去的。夸张，大家可以原谅，但赤裸裸的谎言就不那么容易被原谅了。

哲学家和认知科学家丹尼尔·丹尼特认为，如果在大脑中搜索自我，我们会被误导。自我是一个故事，故事中我们是"首席虚构人物"，这个故事起草后经多次修改，最终盖棺定论形成单一口径。我们在回忆这些故事中追溯过往，在讲述这些故事中，将目光看向远方，那里有我们可期的未来。

妈妈离开精修学校时，一定对未来有了清晰的认知。她的人生故事的主旋律就是基督教，这个主旋律像别针一样穿起了她人生的每个章节。面对千疮百孔的婚姻，她一再削足适履。要想逃离婚姻不是问题，妈妈经济独立，有大把现金，但她无法跨出离婚那一步是因为她认为：婚姻制度大于个体，耶稣已为你做出最好的选择。

我无从得知妈妈会如何回顾自己的人生，但在临终之际，她肯定有后悔之处，芸芸众生都希望此生无憾，但顺着人生路往回看，肯定有令人追悔莫及的瞬间。后悔等同于承认错误。做决定时选择越多，我们日后后悔的可能也就越多。但妈妈可选择的不多，她的生活里充满了条条框框，所有的决定都是在思前想后、权衡万千之后做的。

毫无疑问，性别和阶层限制了妈妈构筑自己人生故事的选择和想象。我对自己的人生规划也很简单，结婚，然后从此过上幸福快乐的生活。但这其实是在步妈妈的老路，着实让人生恨。但在妈妈与我回顾她的一生的那几个月里，随着越来越多的真相浮出水面，我脑中构建起来的关于爸爸的故事开始崩塌。我这才知道我之前的判断严重失误，把黑的想成了白的，他根本不是我想象中的那样。当时对他的轻信使现在的我备感痛苦，我一直讲的人生故事仿佛被釜底抽薪一般，往事也无法再被信赖。既然其他人都不信守忠诚和相互尊重，我为何要傻乎乎地守着这套说辞。这简直就像我鬼迷心窍拿所有钱买了大众的股份，结果它因为造假，股价暴跌，我所有的钱都打了水漂。

但爸爸和妈妈的婚姻得以维持下去，并不是靠忠诚和相互尊重，而是靠妈妈对主的信念和我对爸爸的信任。爸爸唯一说的实话就是我们从未给过他认错的机会，而且也不想听他的申诉，只想着让他接受我们的说辞，更没有给他逃离去马戏团或离婚的机会。无法认错，不能喘息，他只剩下说谎可选。

# 谎言 47：

## 这是我写过的最难写的信

爸爸在一封信中说他不再供我上学，他用一种置身事外的腔调写道："听你妈一直念叨说你的心不在学习上有一段时间了。"

这是真的。那时我已在伊林高等教育学院攻读图书馆与信息研究文学士一年。但当时我的高级水平考试成绩很不理想，只能等着补录。爸爸在《泰晤士报》上的招生院校补录专业清单中为我选了五个专业，并一一用红色毡头笔标了出来。在咨询过学院录取办公室之后，他帮我申请了现在就读的这个。从我发现学院里的酒吧之后，我就沉迷泡吧，逐渐堕落，学业日渐荒废。

我一直觉得图书馆与信息研究专业枯燥乏味，学这个的要么是废寝忘食死读书的人，要么就是无路可走的笨蛋。入学后我意外地发现，这门专业很适合我，如果我能再勤奋一点就更完美了。当我一页一页重新翻阅日记时，发现了一个极度无聊的十八岁女孩，我耐着性子试图描画出她的性格和做事动机，但是我唯一想做的就是烧掉这本日记。

在学校的酒吧里，我经常和一个来自斯旺西的哥特男大肆谈论周围的同学，我们一待就是好几个小时。一天晚上，一个叫雅各布的男生摇摇晃晃朝我们走了过来，应该是我的红头发把他引来了。没过多久我就跟着他去了他的住处，躬身趴在了他的沙发上，心中着了魔一样地想我有男朋友了，而且他有摩托车，还会服用一些违禁的"特殊"药物。

不幸的是，多年后我才意识到性冷淡的反面不是滥交，很显然那位男朋友只是我的滥交对象。与他交往之后，我几乎逃掉了所有的课，甚至错过了复活节回家的火车。我在床上给妈妈打电话时，雅各布一边卷第二支"特殊"药物的烟卷，一边模仿车站播报。

"对不起，"我尖声说道，"地铁出了问题。"

我一直对这个谎言耿耿于怀，因为我本不必说这个谎言欺骗妈妈，但是当时因为雅各布，我那么做了。在此之前我已经下决心不再欺骗妈妈。或许我希望她还能找到我身上的一丝闪光点，所以我才不想看到她对我失望的样子。

现实又是那么事与愿违。高登斯顿整整七年令人咋舌的昂贵学费，只换来高级水平考试中一科通过——古典文明 C 级。不仅如此，她费尽心思把我送进"体面人"的学校，我却没能为她钓到金龟婿，一个都没有。妈妈选择这段婚姻的那一刻就代表把对未来的期望丢进了抽水马桶，我对婚姻的态度直接昭告着把自己的未来扔进了便坑。

和雅各布在一起的那一年，除了虚度光阴外，我真的是什么正经事也没做。整整十二个月，雅各布除了和我交往，还和另一个红头发的女生纠缠不清。我挂了学年考试，补考也没过。爸爸来信通知我将不再供我念书，爸爸在信里说道："这是我写过的最难写的信。"他已经取消了银行汇票，并等待教育部跟进学费还款相关事宜。他说他不再供我上学是因为不想偏私任何一个孩子。几年前，埃德里安也收到了相同的通牒。

爸爸在信中质疑我为什么不能活成高登斯顿校训那样——"即便你讨厌这件事，你也要证明你可以战胜它"，可他却从未考虑过我为什么拒绝成为那样。虽然这句话不是高登斯顿的校训，但它的内核却是如此，爸爸话虽然引用错了，但精神传达得很到位。

然后他开始找借口给"断供"贴金，当然还是用他自欺欺人的那一套说辞。他写道，他之前待在沙特的唯一原因是我们说喜欢寄宿在学校。看来我信中所写的谎言让他信以为真了。

爸爸承认这些年的分居让大家很难生活在一起，但大家非常牵挂我。虽然我觉得他只是嘴上说说。他还说很想让我回家，大家继续一起其乐融融，回归到"正常"的生活当中。他天真又动情地写道："我们可以增进对彼此的了解，甚至可以成为朋友，而不是像仇人一样一见面就眼红。"

我没回信。

没有等到我的回复，他打来了电话，再次问我是否搬回家，我一直沉默着没回答爸爸。妈妈应该是在厨房忙活，电话里远远传来她的催促："快说啊，表达一下你想让女儿回家的诚意，但这和我没关系。"过了一会儿，妈妈应该是走到了电话旁边，我从话筒里清晰地听到她的声音："我不想让她回来。"

## 谎言 48：

### 我会把她送回家

在单人间里，我又一次脱下自己的衣裙蒙在了脸上[1]，这已经不知是第几回了，都说吃一堑长一智，可我一点儿教训也没吸取到。那是在尤斯顿路的潜水吧[2]，我还记得那个把我骗到楼上的谎言——上面能看到整个城市的景色。

那时候确实是我的错，从小就被教育不能和陌生人出去，可我还是和酒吧保镖搞在了一起；一直被告诫要警惕有床的房间，有了便利条件想不发生什么都难，可我还是把这话当成了耳边风。

不过我要说的是另一个故事，一个我一直难以释怀的故事。

大学辍学后，我在一家室内设计公司工作，招聘的人说我天生就是女助理的料，我就来了。前台是一位叫盖比的德国女人，烈焰红唇，喜欢穿红色针织套衫。每天早晨，她都会叼着烟风风火火地去邮局（我还不够格）。她办公桌后是我的办公桌，寒碜得很，光秃秃的三合板桌子，一把椅子。打杂就是我的日常，采买、煮咖啡、装信封、影印都是我负责的。晚上，我匆匆赶去托特纳姆考特路参加秘书培训，课上大家都昏昏欲睡，供培训的打字机按键上的字母都磨光了。

不久圣诞节到了，公司在白金汉路举办派对，我已经忘记是怎

---

1 此句源自《圣经·旧约》中的《耶利米书》第十三章第二十六节："所以我也要剥除你的衣裙，蒙在你脸上，显出你的羞耻。"

2 美国口语词，多指不入流的酒吧。当地居民聚会喝酒和社交的邻家酒吧。

么从维多利亚街跑那么远过去的。盖比玩到差不多就去找自己"什么都不行"的丈夫了。除了我，还剩几个没喝尽兴的。我只记得，吧台上摆着一排生锈钉[1]鸡尾酒，酒吧老板还在不断往里面倒着金灿灿的液体，他握着一口杯的手指因为经常啃咬有些蜕皮。

他端着酒盯着我看，他清楚这些酒喝完会发生什么。

也许我当时也知道，和我在一起的男人们也清楚我敢那么做，所以生锈钉被我们一扫而空。

酒吧外寒气袭人，汉考克先生说他也向北走，刚好顺路，于是扶着醉醺醺的我挤进了一辆出租车。汉考克先生快四十岁了，是名建筑技师，个子不高，戴一副眼镜，头发稀薄，大腹便便。

车从威斯敏斯特驶出后，已是午夜。

汉考克先生为这趟伦敦夜行付了钱。我想起家长们的另一句金口玉言：天下没有免费的午餐，当然也没有免费的出租车。

出租车向右驶离埃奇韦尔路，我稍微清醒一点的时候意识到车子在向东驶去，离家越来越远，我吐字不清地提醒了一下他我的住址，汉考克先生保证说一定把我送到。

这是头一个谎言。

剩下的行程中车内一片安静，街灯在窗户上向后飞驰。之后汉考克先生把我从车里扶出来。

他那位于沃尔瑟姆斯托区域的公寓里，到处都是上一段恋情刚结束的痕迹，楼梯下的箱子里放着和他上一段恋情相关的东西。当我躺在凌乱的床单上，头陷在枕头里时，我知道自己接下来会面对一场噩梦。

我喝多了。

我被睡了。

我小声地说"不"并没有扰乱他的"性致"，使他停下来。

他一完事，就睡着了。

---

1  一款由苏格兰威士忌和杜林标酒调配而成的鸡尾酒。

离天亮还有几个小时，我睁着眼躺在床上，心里十分害怕，周围漆黑一片，根本摸索不到自己的衣服。我躺在肮脏的床上，他趴在我的双腿之间绝望地哭泣着。

早上起来之后，我在污秽的厨房里找电话。他看到了我，但没说什么。他的沉默使我确信他知道我对昨晚那事的拒绝。他没有再碰我。

1月的第一天，公司恢复营业，前台那一片被香烟弄得烟雾缭绕。汉考克先生也进了办公室，给人一种躲躲闪闪、鬼鬼祟祟的感觉。在脱下大衣之前，他径直走到我桌旁的办公用品柜，从中拿出一个干净、洁白、自封式的信封，往里面塞了什么东西之后放到了我的办公桌上。

收到信封后我不敢立刻打开，要是让盖比看到，她保准抢过去用剪刀拆开。那个上午，我期盼着里面能是一个礼物，一份感谢，一句道歉。我一直等到午饭时间，趁盖比去买三明治时，才打开了信封。里面是我的白色文胸，那是妈妈买给我的，我忘在了他的公寓。现在想起来都觉得那是一份难以言说的羞辱。

# 谎言 49：

## 我活该

　　刑事司法系统采用的是一种对抗性的推定过程，其假定至少有一方没说实情。司法系统最令人失望的是它对强奸案的判决。辩方出庭律师只要一直坚持"原告陈述不实"就能进一步推翻受害人的全部证词。受害者在长时间的交叉讯问和来势汹汹的不信任下足以精神崩溃。

　　讽刺的是，那些被强奸的受害者失去了为自己讨回公道的底气，不相信自己是受害者，甚至开始责怪自己。我们的社会对于强奸这件事的看法着实令人疑惑，他们不去责备犯罪的恶人，反而责怪受害者，最常见的言论就是："他怎么不去强奸别人只强奸你？难道你自己就没有任何问题吗？"铺天盖地的言论成功洗脑受害者，使他们认为这种事发生在自己身上是自食恶果，怪不得别人。

　　新颁布的 2003 年《性犯罪法》第一条重新定义了"强奸"：某男性故意把自己的生殖器插进另一人的生殖器、肛门或口部，这类情况下强奸成立。新法使用了更具体及详尽的用语——男性生殖器。第一版《性犯罪法》于 1956 年颁布，其中规定强奸成立必须是插入女性生殖器。1994 年修正案将插入肛门也纳入其中，2003 年新法把插入口部也定为强奸。

　　这种插入必须是在对方没有同意的情况下发生的。女权刊物《从报告到法庭》指出："强奸案中，控方总是被要求去证明原告当时没有同意，被告也没有合理地认为对方当时同意了。"

　　"合理地"一词在这种语境下就显得非常重要，尤其是对那些请愿要求提高英国强奸定罪率的人来说。福尔克纳勋爵之前就曾请愿要求对《性犯罪法》进行修正，他指出那些被指控强奸的人在审判后罪名成立的只有41.2%。相比之下，其他罪行的总定罪率则高达73.4%。他在论证里说，一个人本就该"认真确认他的伴侣一直都是同意的，不然的话就会有被起诉的风险"。

自2003年《性犯罪法》通过以来，强奸罪的定罪率提高了，强奸案起诉成功的比例也升高了。但报了案的强奸行为最终定罪的仍然只是很小的一部分，而26%报案的性犯罪被判决为"无罪"。

很多强奸犯，包括汉考克在内，都是机会主义者。他就像一个入室窃贼，不停地试着推别人家的后门，希望碰到一个没锁上的。他没有明确目的一定要进谁家，只要成功登堂入室就行。机会主义者很难定罪，因为他一开始的强奸作案动机并不明显，所以很难说他有预谋。即便已实施入室盗窃，但找不到他破门和进入的证据。事后遗留的精液和受害者的羞耻感并不足以让他们获罪。

在法庭上，原告的辩护律师和被告的辩护律师甚至不关心原告和被告之间到底发生了什么，他们对簿公堂只是为了在刑事司法系统里比出哪方为胜、哪方为败。在这场游戏中，陪审团会秉持一个假定——博弈双方站在同一个起点，过程公平和平等，谁的理由充分谁就胜诉。可这个系统并不公平，都说人人平等，可人出生时的家庭背景已经注定了各自的起跑线不同。财力雄厚的辩护团队有更多可支配的时间和资源来赢得这场比赛。对于强奸犯来说，就算没可观的现金也不要紧，他们依旧拥有很大的优势。这场博弈里，受害者处于极不利的位置，他们要提供各种证据证明自己所说的，还要反击不合理的怀疑，而被告团队只要对此保持怀疑就行了。

# 谎言 50：

## 你会和我交往吗？

为表示和解，爸爸妈妈来德雷顿格林路看了我。一见到我逼仄的出租屋，他们立马帮我付了三千英镑的首付买下一套公寓，并承担了房子的按揭贷款。我当时十九岁，年收入八千英镑。

公寓在 A1 公路线上，临近麦斯威山，离薇奥莱特的家也近。拱门路地下有南来北往的地铁北线，地铁路过时，上面的房子就震三震。公寓盘踞在一家亚洲报刊零售店之上，共有两间房间，一间做卧室，一间做客厅，窗户朝东对着诺斯伍德路。交房那一晚，我光着身子在空荡荡的地上躺出一个"大"字。我有家了。

薇奥莱特第一次晚上到访时，除了爸爸给我买的一台二手冰箱和还未组装的沃伦伊梵思双人床，家具、电器还没配齐。她按响我家楼门口的门禁电话时，天已经黑下来了。A1 路上的车辆川流不息，马路上嘈杂的声音也盖不住她在楼下冲着上面喊的声音。她迫不及待地想叫我下去。

我朝楼下冲她喊话说还没换好衣服。

"你穿什么都行。"

楼门口的人行道上停着她的黑色萨博，车的危险警示灯一直开着，仁慈姐妹乐队的摇滚乐直刺耳膜。看到我穿着罗兰爱思的围裙装，她迟疑了一下评价道"还不错"。

薇奥莱特一身哥特风的装扮让她成为无数日本游客争相街拍的对象。她的全部行头都由著名设计师设计，白色的术士发型是在最高端的美发沙龙里做的。她已经彻底摆脱了高中时期那种高登斯顿穿校服的阔小姐给人的感觉。现在的她，个性鲜明，有棱有角，活力四射中透着冷若冰霜的美。

我坐进副驾，和薇奥莱特说的两句话全靠吼，音乐声太大了。起步后，她朝南驶去。我们这次出门有重要的事情，她昨天晚上看上了一个男生，今天想去把她的猎物收入囊中。薇奥莱特说他估计会在国王十字街背后，那儿新开了一家叫世纳奇的夜店。我需要做的就是陪着她守株待兔。

薇奥莱特把车停在一条居民区街道上，我也不记得是巴尔夫路还是诺恩道。我们摇下车窗，四下张望看哪里有夜店的标志。那个时候，卡利多尼安道的酒吧在迎接最后一拨买醉的客人，不一会儿，一对哥特装扮的人从车旁溜达过去，消失在铺面中间灯火通明的过道里。楼梯下去是几间民房，都没有窗户，厨房天窗上反射着从酒吧 DJ 身边掠过的那种耀眼黄色灯光。

凌晨一点半，我和薇奥莱特在酒吧里终于等来了那个男生，他身旁还跟着一个朋友，那个人面容冷峻又略带攻击性，眼睫毛在他高高的颧骨上投下了阴影。那个人不缓不急地走进了酒吧。

我看着他，就像老鼠盯着猫一样。他坐到了我旁边的椅子上，身体前倾，胳膊肘撑在大腿上。薇奥莱特冲着他的后脑勺做了一个吓人的鬼脸，白眼差点翻到天上去。

薇奥莱特在震耳欲聋的音乐中喊道："别他娘的这么无聊。"

这一声把那位猫一样的男人的注意力吸引了去。他应该知道规矩，我们都知道，朋友对朋友。

他看着我，身体微微向我倾过来，之后握了我的手。我没话找话的开场白先对自己穿了罗兰爱思围裙装表示了歉意，如此无聊的聊天内容也就只有我能说出来了。聊了几句后，我们陷入沉默。异常尴尬的气氛，使局促不安的我只能靠着音乐纾解情绪。穿着围裙装的我就像臭屁一样，熏得人只想四散逃离。

我实在无法待下去，准备瞅个时机落荒而逃，我觉得他应该也想换个人。但他抓住了我的胳膊。

他问我能否只维持肉体关系，也就是只有性但没有爱。我看在他不嫌弃我穿罗兰爱思围裙装的分上答应了。之后的每周日早晨，他都和我在他组装起来的沃伦伊梵思上云雨一番。

也许是那个时候，这只猫一样的男人将人乳头瘤病毒传染给了我，不过也有可能是之前的那个我喝了太多生锈钉鸡尾酒而无力拒绝的男人。但不论是谁，我付出的代价都是惨痛的，堪称奇耻大辱。我只得去做妇科检查。当我脱掉裤子躺在哈洛威街一家门诊医院的妇检床上时，医生问我：“你确定你之前没得过疣吗？”

他拿着一个大号钳子，眼睛眯着。

“疣？”我反问道。

“是的，”他谢顶了的脑袋消失在我的双膝之间，“疣。”

“没有。”

即便到了今日，在谷歌上看了生殖器疣长什么样，我也不确定自己到底得没得过。难道得过？上面有些图片看着非常恶心。我对我的私处不是那么了解，或者说我没太关心过。

“不，从未。”

“这个……”

钳子的冰凉触感，检查内部时的刺痛感，都让我感觉灵魂已被撕碎。

几周后我接受了激光治疗，那两周里我情绪焦躁不安，动不动就发脾气。我被诊断出来得了癌症。（或者，虽然我从未承认，但我真的得了疣？）

薇奥莱特曾主动请缨要陪我去惠廷顿医院，但最后是妈妈陪我去的。她等在外面，我在里面接受治疗。回到家，我躺到床上，她给我盖好被子。我们在外边时，爸爸把整个公寓粉刷了一遍，即便是插座也没放过。他没陪我去医院是因为，私密部位也是他的心病。

# 谎言 51:

## 犯我者必受惩 [1]

妈妈总是和我说，婚礼现场是如意郎君的聚集地。在一场苏格兰卫队的婚礼上，妈妈的那句话应验了，我遇到了特里斯丹。从妈妈的角度来看，不论他对我如何诋毁，我都不应放弃他。当年她开车送我到火车站，一直很知趣地没有问我婚礼后去哪里过夜。我的手提包里只有一只空钱包、一支牙刷和一条干净的短裤。

我写这篇时特意谷歌了一下，特里斯丹现在执掌着一家蒸蒸日上的金融公司。所以他是我那段时间交往的男友中唯一有经济能力的人，其他的不是酗酒，就是穷得叮当响，再或者还有后来死了的。

特里斯丹肤色白皙，脸上洋溢着热情。那个冬天我们唯一一次"约会"是在切尔西影院看迪士尼出品的《小美人鱼》。我们坐在前排，那时还是白天。

那年秋天，我们经常胳膊挽在一起手牵着手，他很用力地握着我的手，我的指关节都发了白。晚上在骑兵营，我们偷偷挤在部队配给的窄条床上，裹在扎人的毯子里。在寒冷的军营里，我们就像孩子一样瑟缩着，六十瓦的灯泡透过破旧的窗帘直射进来。

我二十二岁那年的 12 月，特里斯丹在伦敦塔执行皇家守卫任务。他和其他八名卫士每天都要上演童谣《约克老公爵》式的游戏，只不过是用钥匙。他们一齐举起枪，大声喊道："谁在走动？"

---

1　原文为拉丁文：Nemo me impune lacessit。是蓟花勋章上的格言，同时也是苏格兰皇家军团与苏格兰皇家骑兵卫队的格言。最古老与最高贵的蓟花勋章（The Most Ancient and Most Noble Order of the Thistle）是授予苏格兰骑士的一种勋章。蓟花勋章的主保圣人是耶稣十二门徒之一的圣安德烈。

我看到后深受感动，我的妈妈也是。

对于特里斯丹我最后悔，也最想修正的，就是我错误地以为自己爱他。我感觉我那时是被妈妈施了法才这样的。现在回想起来，当初在那么短的时间里，我怎么可能会爱上一个人，就算爱上了，要我承认它、说出口也要几年的时间。但不管怎样，我见异思迁看上了别人。日记中除了食牛肉者[1]、美人鱼和单人床外，还叙述了其他。日记里写道，我和一个贝斯手不欢而散，那个贝斯手近来刚签约埃莱克特拉唱片公司。我还在卡姆登镇的车站上遇到一个醉汉，这个车站的列车都是驶向巴尼特方向的，我们后来断断续续通过电话保持着联络。日记还显示我没邀请特里斯丹去我家是因为一个琉顿的行李搬运工一周前刚搬进去（一个"完全的柏拉图式安排"，里面这样写道）。

但妈妈和我都自欺欺人假装我当时的男朋友只有一个在伦敦塔执行皇家守卫职责的少尉。

观看伦敦塔上锁仪式的那天晚上，我和特里斯丹还有另外两名军官以及特里斯丹的姐姐在他住的地方喝了威士忌。屋子里弥漫着难闻的味道，窗户上挂着皱巴巴的窗帘，还陈列着一些刑具，那些刑具到今天也会令贵族们两股战战。

伦敦塔上锁仪式举行时，我们等待着仪仗队正步走到水巷，期盼着卫士对警卫长的高声应答，还有最后上锁后钥匙得到妥善保管的场面。这是一项延续了数个世纪的仪式，每晚九点五十三分准时开始，我们翘首以盼，等待着三分钟后仪式的开始。可特里斯丹和那两个军官越喝越多，他的穿戴已不成体统，禁卫军帽也歪了。

伦敦塔外这时候已经空无一人。我站在鹅卵石的路面上，感觉这里的夜晚比其他地方更加黑暗、更加寒冷刺骨。从这里到我家距离很远，可我还是想回去，况且我还穿着昨夜的衣服。

我们站在步道的台阶上，用手使劲拍着身体两侧，实在是太冷

---

1  伦敦塔卫兵的别称。

了。皇后之屋外，立正站着一小队身着红色制服的卫士。水巷传来多重大门铿锵的关闭声，还有哨兵的喊声。

"谁朝这边走来了？"

禁卫长回答道："钥匙。"

禁卫长和他的侍卫走过血色塔拱门，一路走到我们站的台阶下，靴子踩在鹅卵石上发出整齐划一的声音。

特里斯丹吼出些语焉不详的指令，呼出的气息在黑夜里迅速凝结成白雾。他向后转时摇摇晃晃，引得前来观礼的城市自由民[1]发出啧啧声，还有一个发出嘘声："醉鬼！"

钥匙被护送到皇后之屋，响起了飘忽不定的号角声，仪式至此完整结束，自由民也排成一列纵队离开了。

我们去道别时，特里斯丹正弯腰解靴子的鞋带，他已经摘下了熊皮军帽，但紧身制服上衣的扣子还扭在一起。

特里斯丹痛恨被别人抛下。他还在军营时，只要我去看他，明知违反军纪，他也要央求我留下。他就像一个放学后没人接，在寒风中东瞅西望寻找自己妈妈的幼儿园小孩子。可他不知道，这只是他人生孤单之旅的开端。他示弱般的请求唤醒了我心中的那个小孩，于是我每次都会留宿军营陪他，即便被抓也无所谓。

但伦敦塔不一样，女人是绝对不可以留宿的。从晚上十点到次日上午十点这十二个小时里，只有皇室珍宝和看守它们的卫士有资格被锁在这座塔里。谁都不能僭越这条铁律。

特里斯丹醉醺醺地躺在床上，一把把我拉倒在他身旁，低声在我耳边请求着，眼睛看着我的鞋。他一脸失落地向我诉说不想一个人待着，我耐心听着，因此没有注意到他姐姐和那两名军官是何时离开的，也没注意到伦敦塔封禁时门咣当的响声。

日记里写我后来为他洗了澡，之后就睡下了。

五点四十五分我醒了，但离破晓还早。离伦敦塔开锁还有四个

---

1　市政当局授予社区有价值的成员或来访名流和达官显贵的荣誉头衔。

小时，但两小时后就到公司上班时间了，我需要乘坐第一班地铁从布卢姆茨伯里区驶离。特里斯丹再次请求我留下，想让我等到十点伦敦塔对公众开放时再走。

可我害怕丢了工作。六点十分，特里斯丹穿上守卫伦敦塔的那套制服，他护送我朝着阴森森的水巷走去，经过值守的队员时，引起了其他队员的悄声议论。我感觉此时比昨夜还冷还黑。

到拜弗德塔下面时，我们到达了第一重门，特里斯丹敲敲门，叫醒了里面那位愤怒的食牛肉者。我只记得房门上写着"禁卫军狱长"的硕大黄铜牌，还有他手里的那一串串钥匙。特里斯丹夸张地向他行了个礼，然后和我一起从大门上窄小的长方形小门中弯腰而过。我们接下去的行程路线要经过皇家卫队，一路上我们两个人一言不发。经过石桥来到中塔，他立正站好，将钥匙插进最后一道锁，转动门柄，打开了大门角上的小门。我艰难地从中挤过，走到下泰晤士街上。这时，我听到他向另外一个食牛肉者喃喃道：

"我发现她和我们的人在一起。"

# 谎言 52：

## 我是茜尔葳

我因为品尝过绝望的滋味，所以曾选择在撒玛利亚会[1]做志愿服务。

恩菲尔德-哈林盖-巴尼特区分支机构是我服务的地方。那是由一群饱尝苦难、经历过绝望的人组成的一个人道主义志愿队伍。其中一位志愿者只穿紫色[2]的衣服，那紫色由上而下渐变加深。

我当时二十一岁，负责在晚间和周末值守电话，另外一个月还要值一个夜班，从晚十点到早七点。

我们的分部设在一栋维多利亚式半独立住宅里，班士岭地铁站拐个弯就到。凸窗式前屋设有三个电话隔间，各配备一部电话和一把廉价办公椅。椅子下铺着早已磨薄的地毯，颜色还能看出是蓝色的，但是已经看不清是什么花纹样式了。桌子上是拨号盘式的有线电话，听筒可以很方便地夹在耳朵和肩膀之间。椅子有转轮，所以我们可以在桌子间滑来滑去，跟其他同事共享饼干或是传个加了暗语的字条："茶！两块糖。"或"又一个布伦达？"

我来之前，有一个志愿者布伦达能忍受不雅电话，他会问那些接到不雅电话的志愿者是否需要他来帮忙接听电话。所以在面对这种情况时，志愿者们就会向电话那头的人提议说："你想和布伦达

---

1  英国慈善团体，为严重抑郁和想自杀的人提供热线电话谈心服务。此名字源自《圣经·新约·路加福音》中的"好撒玛利亚人"，意为好心人、见义勇为者。

2  在基督教中，紫色代表至高无上和来自圣灵的力量。

聊聊吗？"但在 20 世纪 80 年代末，布伦达自己也扛不住了，于是我们只能自救。作为一个年轻的小姑娘我很不幸，打电话的人一听到志愿者是男性或老女人的声音就立刻挂断，然后往我这里打，所以我接到的都是诸如此类的淫秽电话。

只有当我们确定是"虐待"电话时，才被允许主动终止通话，这种情况下我们甚至被允许问对方："你有自杀的想法吗？"本以为这种自杀问题可以打扰他们的"性致"，可他们还是会在沉默中迎来高潮。

值过一个夜班后，我整个人累得"油尽灯枯"，虽然从晚上十点到早上七点下流坏子们越来越少，可绝望的人渐渐多起来。夜晚到黎明，孤独漫溢，一点点蚕食着他们心中的希望。失去爱妻的丈夫独守空床，辗转反侧，难以入眠；独自抚养孩子的单亲妈妈无依无靠，即将被驱逐；无儿无女的耄耋老人孑然一身，圣诞节孤苦伶仃；年轻人漂泊在外，独自打拼，过年过节不敢回家……

凌晨四点，是夜里最冷的时候，这时候我整个人犯困，脑子有些不清醒，冻得牙齿打冷战，嘴里泛起苦涩味。我旁边的志愿者在午夜的这几个小时里反复安慰一个人，刚安抚好那人挂了电话，那个人立刻又打来。志愿者有气无力的"嗯"还有"好"让我听着更加发困。就在这个时候，茜尔葳打来了电话。

我接起听筒，坐进隔间里。

"我是米兰达。"

那人的声音像是受了很大惊吓，她小声说道："我是茜尔葳。"

"你还好吗？"

对面一片沉默。

"茜尔葳，你还好吗？"

"他来了，"她说道，"你能听到吗？"

我在电话里能清晰地听到肩膀撞击门的响动以及木门在门框里咔咔直响的声音。我和其他志愿者小声猜测她的爱人破门而入后，会发生什么。"他要来了他要来了他要来了。"茜尔葳重复说着。

我为了安慰她，骗她说她听错了，不是他，但茜尔葳坚信就是他。

她的爱人不再撞门，转而冲着信箱大喊乱叫，不一会儿又去叫醒自己的母亲拿钥匙。之后很长时间没了他的动静，茜尔葳在电话里向我们讲述了之前无数个夜晚自己的家暴遭遇。我们几个惊恐地小声议论着，她的讲述把我们带入她遭受虐待的场景中，卧室碗橱楼梯下的一幕幕让人如同身临其境。她滔滔不绝地讲述着，夜色逐渐散去，灰色的光线透过棉窗帘照进屋，窗外的鸟儿叽喳地叫了起来。

"他来了。"她绝望地说道。她听到他走上了楼梯。他像小丑[1]一样咯咯地笑着，与此同时，她绝望的声音消失了。

之后是很长时间的静默，让人毛骨悚然，突然间就像午夜骤响的电话铃，她在电话那端发出窃笑声。她终于不再忍着，窃笑声逐渐变成放肆的冷嘲热讽。

茜尔葳在嘲笑我，那嘲笑声像永远不会停下。

工作结束后，我站在外边的人行道上寸步难行，大脑像无法思考一般。我只是呆呆地站着，根本无法去坐地铁，甚至抗拒迎接这新的一天。橙黄的光线下，我感到阵阵反胃。

---

1  小丑是美国 DC 漫画旗下的超级反派，蝙蝠侠的头号死敌。

# 谎言53：

## 我想要一段恋情

六十多岁的亨利是我的咨询师，一个撒玛利亚会的同事出资带我到了他这里。咨询室在芬斯伯里公园，咨询室的椅子、地毯和墙壁都是棕色的。我来这里倒不是来回顾自己的坎坷情路，我就单纯地想问问为何自己遇到的男人全是混蛋。

亨利问我此次咨询的目的是什么。

我回答："一段恋情。"

"想必是长期恋情？"

我满眼含泪地点点头。

"你现在在谈恋爱吗？"

"是。"

"对方是怎样的人？"

里奇十九岁，在北伦敦一家精神病院做精神卫生护理员。他的姐姐和妈妈不同意我们交往。

"你多大了？"

"二十三。"

"你估计这段恋情能维持多久？"

"一年。"

"这么估计是因为你过往的恋情一般都不能维持这么长时间？"

"倒也不是，有的维持了一年，但中间也是分分合合。"

"好，但你认为这段感情可以维持一年。"

"我希望它可以。"

"原来如此，可一年未免太乐观了，在他这个年纪，你们可能不到夏天就得分。"

我听完这些话后很震惊，沉默着扭头透过纱窗看向外面的大街。我们两个很久都没说话。

一语成谶，我和里奇两周后分了手。有一部分原因要怪我，因为我三心二意，对他不够忠诚。咨询室里我没和亨利坦白，除了那个十九岁的小男友，我和在学校时交往的房地产经纪人至今还藕断丝连，还有吸食违禁药物的爱尔兰美发师。

没提他们，是因为我根本没把他们放在心上。坦诚地讲，他们谁是谁我都记不得了。亨利问的时候，我当时一心想着的只有在北伦敦疯人院工作的十九岁激进素食主义者里奇。

但亨利打趣地对我说，这个夏天就会分手，确实戳到了我的痛处。我脚踩几只船并不是贪得无厌，只是想要躲避承诺。为了降低自己被劈腿的可能，我先下手为强，殚精竭虑地同时操纵着几个玻璃球。这样我就不用担心全心全意投入自己全部感情后反被背叛，反正我已经做了初一，他们要不要做十五我已经不在乎了。

也可能是因为我无法快刀斩乱麻地结束一段感情。比起我被抓到和其他男人在一起缠绵，让我说分手更难。那种愧疚感会把我吞噬。

我口中的恋情很宽泛，每一个和我上过床的男人，我都想与他发展恋情。我和美发师维持了两年，但海洛因成为横亘在我们之间无法逾越的鸿沟。我和他之间都很回避这个话题。他和我说，他卧室里的铝箔是给顾客染头发用的。但我没办法彻底放下他，"近墨者黑"，我也染上了服用违禁药物这个嗜好。当然，我服用的是别的，而且每次都是一点点。我服用违禁药物的时候他都在旁边陪着，但我的方式很滑稽，惹得两个人哈哈大笑。无数个早晨，我们都是在服用违禁药物之后飘飘欲仙的状态下度过的。

我向亨利说了我交往的那个美发师违禁药物成瘾，但没说具体细节。我写了一封信的草稿，打算告诉他我不打算再去了。面谈时，我试图移花接木用房产经理的事情把美发师服用违禁药物的事情糊弄过去，可亨利不上钩。他想让我重视这个事，毕竟违禁药物可不是闹着玩的。

"我确定他只是口服，没有注射过。"我回应他道。我这样说是因为他建议我去做艾滋病检测。

被人问及为何与美发师分手时，我总是说违禁药物，这个借口太好用了。但我的日记表明，更大的原因在于我见异思迁，出轨被发现才是他离我而去的根源。他发现了自己被绿的证据——大厅里的一双登山靴。

翻遍日记，我发现我没忠于过任何一个人。我总是怪罪他们不愿与我结婚或是不想发展成恋情，可我才是那个没耐心等到游戏最后就先抽身而去的人，最过分的时候，我甚至一下午约会两人。而最糟糕的是，我的所作所为使我意识到我变成了自己曾经最讨厌的人，这令我如坐针毡。我一直不愿原谅自己的父亲，可反观自己，我变成了跟父亲一样的不忠不信之徒。

心理咨询到第八次时，我已经对他的咨询方式心生怨怼。他不光能看穿我，还会把实情都摆上桌面，就像拿刀割开我的旧伤疤，挖出里面的腐肉。他嗅出了我对别人的始乱终弃，试图用心理咨询的任务来彻底挖出我说谎的根源。

亨利让我给父母写一封没有谎话的信。我保存了很多信件草稿，这些信通常是写给男朋友的。那封信我费尽九牛二虎之力才把它写出来，单薄又拙劣，有些事情我实在无法下笔，那些事情搁到现在我都觉得无法启齿。我还记得当时亨利对这封信的冷漠回应。

"你认为不说出真相就是保护他们吗？"他问道，"所以才不写我们讨论过的那些感受？"

当我不回答或不能回答时，他就会留几分钟让我思考，这种沉默让人很不舒服。过后，他还会自言自语地发问。

"你觉得你的父母看到你的真实想法会有怎样的反应？"

我耸耸肩。

"你认为他们会无地自容？深感歉意？脆弱到无法承受？还是担心他们会无动于衷？"

我恨得直咬牙。

"名义上你是在维护他们，而实际上你唯一想保全的就是你自己。"

# 谎言 54：

## 我只是想把针织套衫还给他

星期天是我恢复单身的日子，而到耶稣受难日那天，前任的靴子依旧躺在床下，好像生根了一样。《暂停》周刊三星推介了君主酒吧的现场演唱会，但我更想去其他地方喝。去卡姆登也不是不行，我得自己想出一个更有创造力的理由，而不是因为杂志推介，或者是为了和别人上床。我在亨利那里的全部咨询结束不久，他又一次（每周都会）强调了恋情关系中诚实的必要性，并让我洁身自好。所以那晚我暗下决心不喝醉，不脱衣服跟人上床。

我一进酒吧，目光就被坐在门旁大桌子上的一个人吸引了，他看上去像邻家的大男孩。我记不清他穿的是紫色 T 恤还是德意志民主共和国样式的短外套，因为这短外套在其他时候他也是有穿过的。那天我只记得他白净秀气的面庞上那双棕色的眼睛。

我习惯性地去吧台点了一品脱啤酒。酒吧人满为患，在角落的地方设了一个微型舞台。两三个乐手正调试设备，尖锐刺耳的声音让人想骂脏话。过了一会儿，他们开始演奏。

这时，一个脸上布满斑点、画了眼影的哥特男过来和我搭讪。他好像为我买了杯喝的，但我从不接受这种献殷勤的好意，因为肖恩和我说，拿人的手短，喝人的嘴软。而这种债，总是要偿的。

我一边与哥特男嬉笑着，一边将目光移到门口的桌上，我的大男孩在那里。他专心地看着台上的乐队，手边放着半杯健力士黑啤酒，看样子是喝醉了。时不时会往前倾下身子，冲着坐在对面的人点点头，一个男人。

哥特男借着聊台上的音乐向我这边靠了靠，他一强调自己的观点，就不自觉晃动手里的啤酒。这时，第一个乐队演完了，台下掌声稀稀拉拉的。五分钟过后，舞台还是空荡荡的，台上还没新的乐手，这激起了我们的兴趣，因为今天的主角还没登台。等待的时候，我脑子里转着要怎么和那个男孩讲开场白。

"吧台那个家伙太讨厌了。"我走到他桌前说道，"介意我坐这里吗？"

颧骨高高的大男孩微笑着，他的朋友见状略显局促，笨拙地动来动去，不知道把脚放在哪里合适。那个朋友介绍自己叫阿诺德，大男孩叫马蒂斯。我问他们从哪儿来。

"法国，"阿诺德指着自己说，之后又开口，"和德国。"

德国？我虽然和瘾君子、酒鬼和尿床的人都上过床，但是一个德国人？这位朋友回答我时一脸不耐烦，好像全天下就他知道得最多。

可我的猎物，马蒂斯，一句话都没说。

我看着空空的舞台，想着如何把这位朋友支开。我越敷衍他，他越来劲儿，不停地抱怨英国这里不好那里不好。马蒂斯很少开口，脸上依旧挂着那副笑容。

阿诺德去公用电话亭打电话，把他的小伙伴单独留了下来。我和马蒂斯边抽烟边聊天，见他杯子空了，我就劝他又喝了一杯。我应该是又拿施虐受虐狂那个段子吓唬他——我曾有个邻居，喜欢把她男友接到汽车蓄电池上。在男人占我便宜之前，我总要试试他们有没有胆量。

大男孩还是笑。

阿诺德回来了，但感觉慌里慌张的。他费尽心思打算和一个人的母亲上床，但因为一把牙刷，这事黄了，他对此感到很挫败。他们每说一个字，都让我感觉我们不是一个世界的人。

尽管他扯了半天母亲和牙刷的事情，我应该还是邀请了他们去睡我的日本床垫。他们还是孩子，是受了高等教育的孩子。一个是人文学科的研究生，另一个在剑桥读博士，具体专业不清楚。

阿诺德对牙刷的事情还是不能释怀，乐队也还没来，他就建议我们离开君主酒吧，转战因弗内斯街的甘撒酒吧，那里有红色的遮阳篷和法国的灰雁伏特加。行走在夜晚寒冷的北伦敦街上，我的酒醒了，我向他们坦承自己是一名秘书。结果咖啡喝到一半时，阿诺德和我因为萨特[1]吵了起来，最后不欢而散。

走到卡姆登镇地铁站，上了自动扶梯后我对自己说，来之前下的决心我真的做到了。这是这么长时间以来，头一次来卡姆登能全身而退，以前不是醉了就是失身了。

这种兴奋劲还没到拱门路就消失殆尽了，我开始后悔没要个联系方式。但他是德国人，我反复念叨着，问他要电话会不会显得太心急。我需要的是一段长久的恋情，而我现在做的可不是。

回到家后，我坐在电视前，不再去想这个事。但我还是忍不住。他是德国人，个子又不高，我一般只和魁梧的人约会。而且他还是个科学家，真要命。他住在剑桥，那里是乡下。我又点上一支烟。闸口一旦放开，就再也收不住了。

后来我翻日记去看那个复活节的周末自己做了什么，我发现亨利的咨询并没有起到什么实质性作用，我只不过善于伪装，显得自己痊愈了而已。分手的时候还是拖泥带水，一点也不是我想象中的干净利落。为了安慰自己，我又和一个前任联系上了。

撇开混乱的思绪和性不谈，到周二时，我做了个决定。

我在办公室给电话号码查询台打了一个电话，要到了剑桥大学的号码。他的那个法国死党提了一句动物系。

"早晨好。"接线员说道。

"早晨好。请问您能给我您那里一位博士的地址吗？他周五把套头衫落在酒吧了，我想给他邮回去。"

这个套头衫的谎言是我的同事吉莉安教我的。套头衫太符合剑

---

1 法国 20 世纪最重要的哲学家之一，存在主义的主要代表人物。

桥大学学生的特征了，他们把这个丢了再正常不过了——或者是叫"针织套衫"，这个可能听着更像那么回事。

"他的名字？"

"马蒂斯·兰德格拉夫？"

"怎么拼？"

"我不太确定。"我听到电话里传来她哗哗翻阅电话号码簿的声音。

"我不干吗，就是想还他的针织套衫……"

"兰德格拉夫，是叫这个吗？"

"是的。"

"我帮你接通。"

动物系办公室的电话响了起来，一直响个不停。最终一个女人接起了电话。

"你好！"

她听起来像正在处理什么重要的事情。

"能帮我叫下马蒂斯·兰德格拉夫吗？"我问道。

"马蒂斯？我给你去叫。"

一阵急促的脚步传来，防火门砰地一下关上了，一个人就要接起电话了。我的心怦怦直跳，但在那一刹那，我挂断了。坐在我旁边的吉莉安开始起哄。

"怎么样？"

"我挂断了。"

"拿到地址了？"

"没有。"

"那现在怎么办？"

吉莉安快四十岁了，仍然和父母住在一起。我一想到这个，就有了再次打过去的勇气。

第二次打电话过去我直接要了动物系的地址。给马蒂斯写信时，我没忍住又说了谎。我写说自己要去剑桥看朋友（虽然米尔山到苏格兰边境之间一个我认识的人都没有）。他会招待我吗？

我到剑桥时，他接站晚了，一路朝着我小跑过来。这次我记得清楚，他穿着紫色的 T 恤。

我经常对自己和别人说，亨利诊疗时对我说的话是我爱上马蒂斯的重要因素，但最关键的因素是，马蒂斯值得我爱。

他一直记得米尔池塘里欢快的鸭子，而我的记忆已经模模糊糊，不过我在日记里写了。在那一刻，他觉得我就是那个对的人。我不再那么患得患失，我在日记里敞开心扉写了很多话，准备说给那些准备好了的人听。他那天把我送上了回家的最后一班列车，虽然那天我带了一条内裤和一把牙刷打算留宿。

# 谎言 55：

## 真没那么糟

　　善意的谎言不会伤害任何人，在道德意义上属于中立，而且很多人会认为它的恶劣性质微不足道。我们可以认为针织套衫的谎言是善意的，因为它没有伤害任何人，不会给我们的人格带来道德污点。实际上，要是没有这个谎言，马蒂斯很可能会与另一位科学家结合（他很少外出"采花"），甚而终结了她的职业生涯。如此说来，结婚生育倒不失为一种男性学者干掉女性竞争对手的方法。要这么分析，针织套衫的谎言挽救了一位将来的女科学家，它不仅仅是善意的谎言，而且是上好的谎言。当然其他人不会这么认为，他们觉得这个谎言既不是善意的，也不是恶意的，说谎也不是什么好事，完全没必要说。

　　说服自己某个谎言是必要的，这是为了对方好，也是我们每天的必修课。那条裙子好看，我为他感到高兴，完全没关系，你的孩子没问题，真没那么糟……每天不说上这么一两句，就感觉这一天没过一样。可这每句话背后都另有隐情。

　　这类谎言是医护人员惯用的伎俩，他们知道我们很容易上当受骗。黄色的药片能缓解抑郁，蓝色的药片能促进睡眠，大的药片看起来比中不溜的有效，最小的药效最好。英国 93% 的医生会对病人进行非必须检查，97% 的医生承认他们在职业生涯中开过至少一次安慰剂[1]。他们这样做是想让病患心里感觉好受一些。一项实验将

---

1　没有药物治疗作用的片、丸、针剂。对长期服用某种药物引起不良后果的人具有替代和安慰作用。本身没有任何治疗作用。

二百名肠易激综合征[1]患者分为三组，第一组被告知他们在等待治疗的名单中，第二组被敷衍地施以假针灸治疗，第三组进行"非常贴心"的假针灸治疗。其中，第三组的病人感觉最好。

孩子们很快就会明白，善意的谎言是必要的。故意将口红画到鼻子上的人让七岁的孩子们帮忙拍照时，如果开口问"我这样行吗"，大多数孩子都会说谎。

在另一项实验中，研究人员将一块肥皂作为礼物送给了一群秉性相似的人，他们无比自然地假装很喜欢这个礼物。善意的谎言将我们与周围的人凝聚到了一起。换位思考让我们了解自己在意的人想听什么。没人想听"这件裙子很丑"或"晚上过得很糟"这类的话。直言不讳会伤了别人的感情，从而让人对你敬而远之。

实际上，谎话说得越多，关系越亲密。我们和爱人甜言蜜语，说他们是这个世界上独一无二的，说自己之前只有过一两段感情经历。我们哄孩子，说他们是天之骄子，画的恐龙栩栩如生，骗他们说护士把针扎进胳膊里一点都不疼。我们宽慰自己说这些谎言是利他的，要是不夸孩子画得好，他就要闹脾气，得拿饼干哄他了。对我来说，不说之前有几个性伴侣，是因为太不好承认了。

---

1　一种常见的功能性肠病，主要症状是腹部不适，排便后可改善。

# 谎言 56：

## 我们在一起很愉快

一年爸爸过生日，我送给他一本《崎路父子情》。在这部回忆录中，布莱克·莫里森将父亲的不忠和两面三刀写得一清二楚。书中的父亲惯于伪装和阳奉阴违，这与我的爸爸别无二致。

虽然我那时还没领悟到，但爸爸一定在里面看到了自己的影子，然后有些惊慌失措。几年前也有过这么一次，那是一本 J.R. 艾克莱的《父亲与我》。在内封上，爸爸用黑墨水写道："艾德说你想让我读这本书。我和书里的人可不是一丘之貉。我绝没有外室。我打包票！"（还不是因为 1971 年妈妈坚持让他做了输精管结扎手术。）

爸爸反应过激了，根本没必要这样。对于莫里森的父亲，我只是想要揣摩他的性格，并没有关注他背叛家庭养小三的事。

我常常在午餐时从公司逃出来，建筑设计行业的工作太枯燥了，于是高尔街的狄伦书店成了我转换心情的首选地。也就是在这家书店，我发现了那本书。我兴高采烈地把它送给了很多人，像是在炫耀自己发现了爸爸内心机关的秘匙，迫不及待地想要告诉其他人。

我把书寄给了在苏格兰的爸爸，还赠了一句题词："为了宽恕过去"（暗示他应该宽恕他对妈妈说的那个弥天大谎）。他一定以为我另有他指。他自以为听懂了我的弦外之音，于是找妈妈做传声筒向我发出了一个邀请，他觉得我在和马蒂斯结婚前"需要"再和他过一个周末。

我答应赴约已经到了 5 月还是 6 月。白天很长，空气也很干燥。爸爸在 M6 号高速路的二号交叉路口附近订了一家酒店，那里前不着村后不着店的。我们是唯一的客人。

因为怕周六来不及，星期五晚上我就提前动身到了那里。我驾照考了五次才过，上路也紧张兮兮的，那天晚上我捏着一把汗才拐上拱门路，一直担心一个不小心就会发生车祸闹出人命。我开车时一定要开着窗户，音响要放到最大，手攥方向盘的力度像要拧出水来一样。

八点，精疲力竭的我终于到了。

"多好的酒店啊，我们两个尽情享受吧。"爸爸在门口兴奋地叫着。我吃力地拖着一个包向他走去。

在爸爸身边的时候，我总是提心吊胆的，就怕他突然发脾气。这个在沃里克郡度过的父女周末其实还是没发生质的变化，但相较之前已经大有改观。因为在这一年前，爸爸在格拉斯哥中央火车站接到我后，前一分钟还在对我的工作、生活嘘寒问暖，下一秒就变了脸下了车，车门都没关。只见他走到前面的那辆沃克斯豪尔科莎旁冲着车里大吼大叫，车里面的几个年轻小伙子透过满是霜雾的窗户盯着他，他们的无动于衷激怒了爸爸，他绕到车前，用拳头生生把他们的风挡砸碎了。

当时我看着眼前发生的一切，心想肯定有人会下车和他打一架，但爸爸退到引擎盖旁时，科莎车轮摩擦地面一声尖叫，它溜了。从始至终所有的车窗一点缝都没打开。还真是穿鞋的怕光脚的。

爸爸回到车上什么都没说，车后的笛声吱哇乱叫成了一片，绿灯早就亮了。

这个周末我更多的焦虑来自不知道和爸爸说什么好。经年累月的沉默让我忘记了轻松愉悦的对话是什么样的。用妈妈的话说，我是造成这种局面的罪魁祸首，我和爸爸待在一起时所表现出来的焦虑明显拒人于千里之外，这使爸爸也不愿再主动开口。爸爸之前也是个很健谈的人，不过他耳朵越来越背。既然无法听清别人说了什么，他索性闭口不言，不给人说话的机会，这样就可以重新掌握谈话的主动权了。

我结婚前的那个周五晚上，我发现爸爸情绪高涨。我忍不住想，到底为什么我会出现在这家 M6 号高速路上的破败酒店里，还要睡在这劣质的疑似尼龙的床罩上？

我和爸爸在酒店残破的饭厅里吃了肉配土豆，整个晚餐氛围融洽，没有突发事件。他竭力地说着话，好像要把所有沉默的缝隙都填满。他热情得让人有点害怕。在他停下来时，我说不早了该回去休息了。回房的路上我告诉自己："明早睡个懒觉，一上午就过去了。"走到隔壁房门时，爸爸提醒我早饭是在八点至九点之间。

"八点时楼下见。"

躺上床，我就在想自己为什么要来这儿，他这葫芦里又卖的什么药？

周末剩余的时间我们百无聊赖地在酒店的各个场地间来回溜达，M6 号高速公路上汽车的呼啸声不绝于耳。爸爸一直和我说着话，但总是兜圈子，避重就轻。我可以隐约感受到他的焦虑，但又不确定。就像想要读懂一首诗一样，要想窥见庐山真面，还需耐心和关怀，而这二者是我没能给予他的。这个周末爸爸约我来这里可能是想打消自己的疑虑，试探我是否已经看穿他的真面目。又或者他在恐慌中悟到婚姻本就不切实际，任何人的婚姻都如此，一不小心还可能像他一样沦落为婚姻的囚徒。他整个周末都在抓住这次机会吐露实情，可他的滔滔不绝相当于什么都没说。

# 谎言 57：

## 婚姻才是我想要的

1996 年的一天，为了挑选一件婚纱，我和妈妈从西跑到东，又从东跑到了西。这是一个希望开始的日子。购物和婚礼是一个伟大的组合。对于所有人来说，我找到自己的另一半，他们都很欣慰。

快到傍晚的时候，我们逛到了自由百货顶层的婚礼部。我最后试穿的那件婚纱是贾斯珀·康兰，吊牌价两千五百英镑。这条是妈妈想要的款——纯白色以及丝网眼纱裙。也不知道是我喝了太多咖啡，还是经前紧张，又或者我就是想让她一边儿待着去。那条婚纱让我意识到，她帮着挑选的都是她梦寐以求的，不是我的。

不知怎么，我心中膨胀起一种杀死她的欲望。我把她推到商场的中庭，然后看着她冲进了配饰部，那里有无数条绣了孔雀的丝巾。

从小我就被灌输了一个意识——婚姻是灵丹妙药，一好便百好。即便是被它伤得遍体鳞伤的妈妈也这样认为。在我们家，一个女人就是被用来挑剔和指责的。有一次我打电话问爸爸对养老问题的意见，他回答说"结婚"，似乎这就是唯一的出路。但我带马蒂斯去家里周末聚会时，他却把马蒂斯当空气一样，好像只要他不承认，就能让他的替代者消失。

不得不承认，爸爸家这边和妈妈家那边的女人都没能觅得好姻缘。虽然这是她们唯一有权去做的关乎一生的决定，但她们最终的抉择都苦了自己。

外祖母成了伊恩·帕特森夫人，她时不时就要对别人的结婚对象点评一番，通常说得还头头是道。这种看男人的坏眼光遗传到了妈妈身上。爸爸在一封 1985 年 6 月的信里写道："我和你妈妈昨天在你外祖母那里吃了午饭，感受极其糟糕！午饭还可以，就是你外祖母唠唠叨叨不停，指着我的鼻子说在她和你故去的外祖父眼里我根本不配做他们的女婿。"

作为家里唯一的女孩，我心里如明镜一般，总要有人出来扭转乾坤。1987 年，我离开了学校，外祖母给我写信："愿你一切顺遂，找到一个高个儿、帅气、有钱的丈夫。"外祖母在另一封信中安慰妈妈让她不要担心，还说我也"不会挑男人"。

现在看来，我才不是"不会挑男人"，而是眼光独到。每个人都对我的婚姻指手画脚，甚至给出了明确的目标——我需要找一个丈夫，并且还是那种能够尽快与我步入婚姻殿堂的。

那天在自由百货，我把妈妈推到中庭，是因为她浑身充斥着对自己惨淡婚姻的绝望和自欺欺人。我无法得知她为何觉得我也会心甘情愿陷入那样的烂泥沼里。难道除了结婚和离婚外，我就不会做其他的了吗？

我愤怒也可能是因为那件婚纱太贵了，我这样也不是为了显示出我有多么高尚。这件婚纱的价格相当于为两个孩子做一生的抗逆转录病毒药物治疗。如果你觉得拿这笔钱买下它合适的话，我肯定会去穿的。

最终我没有买下那件贾斯珀·康兰的婚纱，我让裁缝帮我设计了一款简单的，颜色没有那款白，材质也没有那款好，是炮铜色的透明硬纱。收到材料小样时，妈妈说是灰色。

婚礼前的第十二周，大家纷纷来电祝贺。妈妈之后打来电话问我最近有没有注意我的婚纱。

"快去瞧一下。"

"怎么了？"

"快去，把它从包里拿出来确认一下，"她听起来非常激动，"我的那一小块婚纱布料褪色了。"

"褪色？"

"生锈了。应该是这样。"

"你是不是把它放在卫生间的窗沿上了？"

"没有，米兰达，我把它保存在针线盒里了。你这孩子能不能先赶快去看一下？"

"来不及了，我已经交给裁缝了，裁缝已经开始做了。"我说了个谎。

"好吧，要是我，我会立刻打电话跟她确认。"

我安慰她说那一小块样品是从伯威克街的店里买来的，不过婚纱的材料是在她最信任和喜爱的约翰·路易斯购买的。

"肯定没问题的。"我说道。

为了放心，我把它从床下的包里取了出来，我一看，顿时傻了眼。婚纱就像猫在上面尿过一样，污迹一大团一大团的，褶皱中间也是铁锈色的。约翰·路易斯的女店员说她从没遇到过这样的情况。

最后，就像妈妈所期望的那样，我穿了纯白色的婚纱。

# 谎言 58:

## 我们一起养

　　我意外怀孕了。马蒂斯曾经一直称赞新款非乳胶避孕套——"就是这种自然的感觉"。是的他说得没错，真的很自然，自然到避孕套漏了。

　　我没勇气验孕，于是在圣诞节前夕我疯狂地喝酒抽烟，好像其中一样能把还不确定的"它"带走一样。圣诞节到新年之间的某一刻，我再也扛不住这种煎熬与焦虑，拿起了验孕棒。看着蓝色条一点点显现出来，我心中又生出一种隐秘的快乐。

　　这一刻，揭开了女性人生崭新的一页。我们经常在荧屏看到别人验孕，也无数次在书里读过，但当你真正经历属于自己的那一刻，会有完全不一样的感受。

　　我戒了烟，静下心来学着做饭。切洋葱时，我会拿耳塞堵住鼻孔，它的味道太呛了。我虽然没有孕吐，但整日就好像坐在那种晃啊晃摇啊摇的船上，难受得想去死。

　　有人建议我去马里波恩的私人诊所做尖端的胎儿颈部透明带扫描，它可以对唐氏综合征做出早期诊断。还有人建议我在肚子上抹油来减少妊娠纹，喝姜茶来缓解恶心。这些方子我想都没想就一一照办了，毕竟这些都是另一位母亲的经验之谈。她告诉我检测一下放心。

　　于是我预约了唐筛。验孕得知自己有了孩子之后，没什么能让人放心的。

　　我们到了伦敦的温波尔街，候诊室装潢得和精品酒店的大堂不相上下。看到其他人都要比我年纪大，我心里感觉好受多了。一个准妈妈瘫坐在椅子里，由于害怕，脸上一点血色都没有。

我已经采完血，就等着扫描。想到一会儿就能亲眼见到这个让我受此折磨的小东西，我心里欢喜得很，就像一场艰苦卓绝的比赛下来，终于可以坐下来休息一会儿了。超声波检查时，我们和医师愉快地听胎儿的心跳声，一起数脚指头。但对胎儿的颈部做第二次测量时，她咽了下口水，之前的欢声笑语也没了。她又量了一次，然后离开了房间。再回来时，她带来了一个更资深的医生。他们一起对胎儿颈部做了第四次测量。房间里的四个人一句话都没说。

我们返回到候诊室，那个面无血色的准妈妈还在那里。

最后我们被叫进旁边的诊室，一个护士告诉我们说，预测结果已经出来了，通过计算血液中激素水平和胎儿颈部透明带测量，胎儿患病的可能性很大。她指着曲线图告诉我们，胎儿的数值要远低于正常水平。她看着我的眼睛说道："我们建议你做进一步的检测。"

但我想告诉她，这不是我们花钱来这里诊断想要听到的结果，完全不是。

我们都没了去布卢姆斯伯里吃午餐的兴致，直接到了火车站。一路上两人静默无语。回到剑桥郡时，两个人的情绪不仅没得到缓解，反而到了崩溃的边缘。

夜幕降临时，我得到了公公的建议，他说做进一步检测没什么用。作为一名医生，他建议在高风险患病的可能性下立即堕胎。

在电影和小说中，怀孕和流产像一对孪生姐妹一样如影随形。终于，我不可避免地坐进了一个门上贴着"顾问"两个字的房间。咖啡桌上放着一盒鲑鱼粉色的面巾纸。马蒂斯、会诊医师、顾问三人在说终止妊娠的事，但避讳着"终止"这个词。会诊医师穿着白大褂，顾问套着开襟毛衣，他们假模假样地说着"我们"，意思是征求我的意见，但我的想法已被他们否定，我坐在一边不停地拿纸巾擦眼泪。

　　马蒂斯坐在我身旁，但我从未感觉他离我这么遥远。会诊医师和顾问见我一直沉默，想办法不停地试探我的意思。我们没有采纳我公公的建议，这次也并不是堕胎，可我感觉自己的孩子马上就要被他们拿掉了。

　　取胎盘组织样本风险很高，所以取样前我要给出明确答复。会诊医师暗示说，如果操作过程中有什么情况，我们又不能答应他立马终止妊娠的话，他是不会做这种侵入性操作的。他这么说，不是赞同马蒂斯父亲的观点想要堕胎，而是因为这个操作风险太高了。如果想不管不顾地把这个孩子生下来，我就不该来这儿。

　　顾问把开衫从两边往胸部使劲拉，随后插话进来，她急于用数据来给我解释这项操作，以求得到我们的答复。

　　"这是一项新检测。我们没什么经验，所以给不出数字。"这个数字是指因为取样而导致胎儿流产的数量，她顿了顿，"实际上，本院只使用过一次这种采样技术。"

　　马蒂斯向他们做出保证，如果胎儿异常，我们会做出正确的决定。他之前和他的父亲讨论过，不管怎样，这项检测都会起作用。

　　到这一刻我才知道，选择没有对错，只是做出一个决定就要担负起相应的责任。在我最孤独的这一刻，母亲的本能在我身体里"绽放盛开"，她期待着肚子里沉睡着的那个胚胎的无声故事。胚胎的结尾，是戛然而止还是迎接光明，承受相应责任的都是我，和其他人无关。

# 谎言 59：

## 不会有问题的

妈妈和爸爸让我回去住。

我们，也就是我和新生儿，刚躲过一次险情——阁楼上了年头，再加上受潮，天花板上的墙皮纷纷干裂，簌簌地往下掉。这是年久失修、维护不善的结果，根本怨不得别人。我打算去艾尔镇的爸妈那里住上一阵子。

我躺在年少时曾睡过的单人床上，盯着廉价的纸灯罩，再看看天花板与墙壁之间摇摇欲坠的墙皮。隔着拉了窗帘的窗户，我能听到爸爸的口哨声，他正推着婴儿车走向沙滩。

这间底层的卧室和其他我住过的房间一样，家具齐全，没什么不便的地方。它在我离开的时候充作了他用，里面有一个书柜，上面摆满了家庭小组的阅读材料。还有几把靠墙叠在一起的椅子，供教会小组的人早晨来聚集时坐。现在床被推到了一个墙角，以防小家伙从上面滚下来。第一晚来住的时候，我就像个疯子，把所有的家具都重新摆放了一下。

爸爸的口哨声越来越远，现在只能听到干燥的风吹过树发出的声音。强劲的海风吹得树枝狂魔乱舞，这天的大风，就像收到绒膜绒毛活检结果的那个早晨。

在收到结果最初的几个小时里，我的神经遭到猛烈攻击，就像面对危机的维多利亚时代的淑女一样。

在此期间，我的皮肤上好似爬满了什么一样，再怎么抓挠都无法驱散。值得庆幸的是，我们的孩子可以活下去了。我在欣慰的同时也十分愧疚，觉得之前不应该赞同只有"健康"的孩子才能享有生命，即使是被胁迫着赞同也不应该。

我的公公——之前曾建议我堕胎的那个医生——又打来了电话，他说我罹患了多发性硬化症[1]。此前，我的神经疾病就有发作，会有半身瘫软以及浑身发麻的症状。

我向阿登布鲁克医院的顾问说出"多发性硬化症"这个词时，他由于吃惊把手里的铅笔都按折了。

"多发性硬化症之所以有多发性是有原因的。"他说道，眼睛注视着我的大肚子，把铅笔尸骸收进了桌子的抽屉，"除非你的病情继续恶化，否则医生是不会给你做诊断的。你现在这个情况，要是做诊断的话，对胎儿不好。"

我不放心，给多发性硬化症协会打了电话，对方告诉我怀孕期间很少有"犯病"的情况。"我们不建议有此病的女性生育，它太耗人的精力，而且分娩后病情极易恶化。"

情况确实如此。马蒂斯从医院回来后一直忙于工作。助产士敲门进来后，我向她坦承自己方寸已乱，完全不知道该做什么。

"别担心。"她说，"既然你父母能把你照顾得很好，那么你做父母也不会有问题的。"

我又躺到床上。

我是个不称职的妈妈，想到这儿，我根本无法入睡，直挺挺地躺在单人床上，盯着窗帘阴影中的纸灯罩。

我在担心要是爸爸没拿婴儿帽和连指手套，小家伙冻着怎么办。他们已经出去一个小时了。我好不容易压下这个担心，另一个担心又浮了出来。这种不尽的担忧无疑是缺乏爱的表现。

除了生病的时候，我一直坚持母乳喂养，小豆子每次都吃得很欢。他哭闹起来根本止不住，每次我都不知道怎么安抚他，是和他说话、抱起来，还是冲着他笑？最后还是束手无策，我只好在沙发

---

1　一种常见的中枢神经脱髓鞘疾病。

上坐直了身子，乏味地看白天的电视节目。身体持续的麻木感好似幽灵一般，时刻提醒自己下一步就该插尿管了。

另外白天的无所事事也让我焦躁不安，简直像是把人凌迟处死。外加归心似箭，我就感觉自己好似被锅烹油炸了一般。几个月以来，我无数次地骗自己当妈妈有多么好多么幸福，但实情真是这样吗？我还没向其他人求证过。

这么多年来，我和妈妈甜蜜也有，恨意也有，但能够切身体会她的不容易这是第一回。一个孩子就已经让人焦头烂额了，而她还要当两个"三天不打，上房揭瓦"的孩子的后妈，艰辛程度可想而知。我无论如何都想不出她是怎么熬过来的。

家里的阁楼改造工程进度迟缓，远在艾尔镇的我却有了大把待在教堂的时间，与社区无聊的会众们一起做祈祷。偶有老男人会借着教堂大厅座位的有利布局，在我给孩子喂奶时往我的衬衫里偷瞄。但所有这些都比一个人独自待着要好，不然脑子里净想自己是多么不称职的妈妈更难受。

令人欣喜的是，妈妈和爸爸一改以往的臭脾气，变得温柔体贴。马蒂斯带孩子的时候，小豆子会显得更活泼一些。他们一起洗澡，一起低声哼唱，满满都是对彼此的爱。爸爸和妈妈对小豆子简直爱不释手，一有机会就把他抱在身边，嗅嗅他身上的奶香，胳肢一下，轻轻戳一下。每天早晨爸爸都会推着婴儿车去海边遛狗。回来的时候，小豆子开心地笑着，不哭不闹，甚至连饿都忘记了。

窗帘外边，我能听到狗从屋里冲出去，爪子踩在花园小道上的声音。我满脑子想着小豆子带没带连指手套、帽子和奶瓶的事，转眼看见爸爸站在大厅里，弯下腰把小豆子从毯子下举了起来。他开心地哼唱了起来，我隐约听到那个调子：

"如果知更鸟不唱歌，爸爸去给你买……"

从婴儿车软篷边沿看下去，小豆子睡眼惺忪，眼皮耷拉着，时不时一眨一眨，露出圆溜溜的褐色眼睛，他在确认眼前的人是否还在。当小豆子再次睁开眼时，他还是能看到爱，不会消失的爱。

# 谎言 60:

## 让我告诉你一个秘密

我扪心自问：我泄漏父母的隐私是否正确？即使我说的那些都是真相？

对于一部分人来说，隐私要比真相重要，我的父母就是这样。我父母一直觉得我侵犯了他们的隐私，对此很是不满。毕竟我确实这么做了。

若论起真相和隐私孰轻孰重，在他们的婚姻关系中，对于妈妈来说保护隐私更重要。她有一个秘密，一个和爸爸共同保守的秘密。因为它，他们二人可以同仇敌忾甚至亲密无间，与此同时她还能手握控制权。

秘密既是压在心头的负担，又是别人不懂的窃喜。知道的人是自己人，不知道的则是局外人。谎言、禁止、沉默、鬼鬼祟祟还有亲密无间打断骨头还连着筋。不是所有的秘密都是谎言。选举时投了谁，是我们的秘密；陪审团在判定某人是否有罪时，陪审团成员之间的讨论也是秘密。实际上，秘密是官方的政策。但有人会反驳说这些例子是隐私而非秘密。不公开通常是为了尊重我们的听众，也包括我们自己。没人需要知道或想知道我们的薪资、身上长了几根毛。保守秘密换句话说就是主动隐藏秘密，例如直接把考砸了的高级水平考试的成绩单扔进垃圾箱里。

荣格说保守秘密就像长期服用"心灵毒药"。秘密是不能对外人说的，一旦走漏，代价是不可想象的。有人说搞外遇可以巩固爱情，但《社会心理学》中的一篇文章说，不管是新欢还是旧爱，不管是办公室露水情还是长久的豢养外室，这种秘密都是负担。

不管出轨与否，大多数恋情都背负着秘密。有猫腻的财务状况、性病、收养孩子而不是自己生孩子都会成为秘密。为了避免对方产生不满情绪，我们在婚姻中说的谎要比其他关系中多得多。夫妻双方都希望对方能忠诚且毫无保留，但这种期待有时会逼迫着我们埋葬掉本来的自己。

秘密排斥外人，所以这可能也是操场上充斥着秘密的原因。秘密是孩子手中挟制他人的王牌。

肖恩喜欢秘密。当我告诉他，我觉着妈妈是私生女时，他回复道："嗯，我知道，她告诉我她的父亲是谁了。"

"真的？所以是谁？"

"我不能告诉你。"

"你这是什么意思？"直到现在我一想起这个就来气，"你当然能告诉我。她已经死了。"

但他就是不说。

捂得最严实的秘密，基本上都是最难以启齿的，事关脸面。

上学时的一个朋友告诉我，她每晚都会尿床，床铺一天也干不了，晚上还得再睡在上面。纵然再难受，她也从未声张。在学校时，每一个痛点或糗事我们都要忍着吞下去。对我来说，想家和尿床一样都是痛点。我的多发性硬化症是我不得不守口如瓶的秘密。

直到我公公那通多发性硬化症的电话揭开了盖子。

天啊，要是我能再幽默些，就可以把它当玩笑一样讲出来。我的公公完全不喜欢我，又那么自以为是，我应早些意识到我的秘密迟早会败露在他手上。

但我既没能笑谈人生，又没有先见之明。多发性硬化症使我遭受浑身麻木的痛楚，让我恐慌，可我不愿向别人诉说这个不幸。我只能向别人解释说这是自己看到襁褓里的婴儿时过于激动所致，假装自己完全忘掉了多发性硬化症。

荣格说得对，这个秘密就像毒药。疾病的症状让我发疯，我拼命想守住这个秘密，不愿将自己游街示众。

我瞒着病，是不想让大家看到我的悲戚，被别人品头论足。这种心理，并不是我独有的。心理学家发现，处在疾病晚期的人们竭力想保持自己患病之前在大家心中的美好形象。这是我们人生中最后一个重要任务，也是仅剩的最后一个机会，错过了就再无明日。

面对我突如其来的病况和时日无多的噩耗，爸爸和妈妈一定感到不公和愤怒，因为我突然将他们置于绝望和惊慌失措之中。但他们并没有承认这些感受，一如既往地泰然处之、举止得当。即使是面对自己的死亡，他们也毫无畏惧、泰然自若。死亡的感受是人生的终极秘密，无人能与你分享。

# 谎言 61：

## 一个月后，我们开始化疗的第二个疗程

最后一次与爸爸通电话时，他哭了。那是 11 月的一个早晨，窗外漆黑一片，寒气砭骨。我听到了车门被重重甩上的声音，接他去化疗的车到了。他现在连十米路都走不了，只能用担架抬上车。他已经做了手术，也做了放射性治疗，化疗是最后一步了。

多形性胶质母细胞瘤是一种可怕的癌症。从一位医生提及它时所说的"红色和黄色"的描述中，我想象到了化脓后流出的脓水和血。通过网络，我看到了长了细胞瘤的大脑，它们的边沿都是黑色的。还有一张图片显示了有肿瘤侵入的部分，它们像是往外流蛋奶沙司和覆盆子，只不过是黏稠的糊状。

多形性胶质母细胞瘤 IV 级生长迅速，它会入侵神经系统并导致神经功能紊乱。如果不治疗，是致命的。肿瘤会在大脑的静息区悄无声息地变大，不会有任何症状出现，很难预测已经患病。病患术后的中位生存期为四个月，进行放疗可以延长到九个月。一篇文章直接指出长期治疗徒劳无用，建议将住院时间缩至最短。

那个电话之后，我带着自己十周大的女儿飞了回去。我们和一个朋友去接他回家，妈妈实在不忍心去。

姑且叫这位朋友苏珊吧。

现在追忆起来，当时让苏珊做伴似有不妥，或许她和爸爸之间"发生"过什么。他们从前有一段时间经常相约外出，好像是她有意改信基督教。如果真是这样，那是我小人之心度君子之腹了。我猜他们之间肯定是有猫腻的，每次她邀请我们小聚，爸爸都会很亢

奋。每次聚餐，她都热情地招呼爸爸入座，但不一会儿他就会直挺挺地睡着。

我走在格拉斯哥大学西方医院的玻璃走廊里，手里拎着儿童安全椅，我十周大的女儿坐在里面。那天我本就步伐沉重，安全椅还要左右倒手，就更走不利索了。走廊两边的墙由一块块长方形的安全玻璃隔开，透过它们能看到每间病房里的情况。里面的老人们形销骨立，或坐或躺或走，就像幽灵一般一点声音都没有。

苏珊在我后面竭力地跟着，只能听到她的呼吸和尼龙紧身连裤袜摩擦的声音。在来时的双向车道上，苏珊一直和我谈论死亡。

现在我透过安全玻璃一间间地辨认着爸爸的脸。

第四个门我们本来已经走过去了，但回身一看，发现爸爸在那里面。他是唯一一个全身穿着衣服坐在椅子里的。他盯着窗户外的另一栋大楼，它的影子投射到了这间病房里。

我们进去时，其他的病人半坐半躺在床上，一直盯着我们。爸爸看到我们后，痴痴地笑了，但感觉他并不知道我们是谁。我把女儿放在他的空床上后，过去亲了他。那一刻他的表情茫然，额头紧皱，似有很多不敢问出口的问题。

他可能是想问问那个婴儿是什么情况，在他眼里，我依旧是他还小的女儿，我还没做母亲。看到苏珊时，他使劲张张眼皮，但囿于肿瘤和它留下的洞，没法张得太大。

"爸，你把帽子都戴上了，"我想说句话缓和一下气氛，"大家都以为你要逃跑呢。"

他的神情放松了下来。这句是他经常拿来逗乐的话。

苏珊忙着收拾爸爸的物品，她将储物柜中的东西一样样拿出来，摆在爸爸放于床上的旅行包的旁边。她的行为在爸爸眼里很是可疑，他就伸手去抓旅行袋。

"约翰，我只是在给你收拾行李。"苏珊叫道。

女儿被吓得啼哭了起来。一个穿白大褂的护士进来了。

"瞧这个可爱的小家伙，"护士边说边用手轻轻戳了一下她的脸蛋，"我们这里可不经常能见到像你一样的新生儿。"

我小小的女儿在儿童椅里扭来扭去，她小声的啼哭眼看就要刹不住。我赶快坐到椅子上，解开衣服把乳房塞进了她的嘴里。男人们好奇地看着这个小生命渐渐止住哭泣。

"多么漂亮的婴儿啊，道尔先生。"护士说道，"她是你的外孙女吗？"

"是的，是约翰刚出生的外孙女。"苏珊在储物柜那边只露着半个身子喊道。

但爸爸更关心自己的包，死死抓着根本不放手。护士查看其他病人病情时，苏珊把包的一角往自己身边拽拽，她把睡衣、一个柑橘还有昨日的报纸塞了进去。爸爸用手抓着包的另一端，他瘦骨嶙峋的手上挂着医院的标示腕带。

在我喂孩子时，一个穿蓝大褂的护士拿着病例夹板进了房间。爸爸在座椅里不安地扭动着，他似乎在躲避着什么我们看不到的东西。

蓝衣护士看看我，又看向爸爸，再转向苏珊。

苏珊好不容易打好包，这时坐在床上休息。

蓝衣护士可能觉得她更像能主事儿的人，便对她说道："接下来四天，每天早饭前吃两片。"

"爸，你现在感觉还好吗？"见他没戴助听器，我大声问道。

"有东西掉下来了。"他说道。

"我什么也没看到。"我把小家伙从我乳房上揪下来，然后放在了床上，"能给我看下是什么东西吗？"

"我的帽子，你能看到吗？"

他的帽子在他头上，但不管怎样我还是屈膝蹲下，查看他示意的方位。

"那里没东西，"我半趴在地板上说道，"可能是纸巾还是别的什么，不可能是帽子，它在你头上戴着呢。"

"哦。"

蓝衣护士瞥了一眼夹板，开口道："道尔先生？"

爸爸宽厚地抬头看着她。

"一个月后，我们来开始化疗的第二个疗程。"

爸爸弓着身，手在地板上方抓着什么东西。我拿手搀住他的胳膊。

"别担心，帽子在呢。你在看什么东西？"

"漆黑的东西。"他喃喃道。

我抱起小家伙往肩膀上一靠，她打了一个奶嗝，把奶全吐在了我的背上。

"妈妈在哪儿？"爸爸问道。

"她在家里准备晚餐。"

白衣护士停下来对爸爸说道："道尔先生，你这就要离开我们了？"

白衣护士伸出手，我把小家伙递给她。吐在衬衣上温热的奶现在凉飕飕地贴在我后背上。"多可爱的小家伙呀。"她弯下腰，好让爸爸看到他外孙女的脸。但爸爸听到旁边某个穿制服的人说"离开"，正挣扎着想站起来。不过我说"逃跑""汽车""家"这些词时并没有引起他的这种反应。

爸爸用一只手撑着座椅扶手企图站起来，我们本打算搀着他的另一只手，然后把他架起来。但他太虚弱了，扶在座椅上做支撑点的那只手一用力比纸还苍白。他一次次用脚在地板上找着着力点，想发力站起来，但都无济于事，最后必然会跌坐回椅子里。见状，苏珊到病房外找轮椅去了。

"离车还远，"我对他说，"最好坐在轮椅上过去。"

与此同时，护士正抱着小家伙从一个病人那里走到另一张床边。我发现看她工作要比和爸爸对话容易很多。她坐在一张床的边沿，床上的那个病人眼里突然有了光，全神贯注盯着小家伙，他缓慢地从被子下伸出手，用苍老颤抖的手指爱抚着小家伙那个蜷在一起的小拳头。

轮椅固定好了，护士把小家伙放进安全椅中。我们抵住床沿，把爸爸架到了轮椅上。他伸手去拿他的包。从那天清晨的电话到现在的格拉斯哥大学西方医院，爸爸在这中间的三十六个小时里，有如浮萍飘零，孤舟入海，生死悬于一线。

我拿起装药的塑料瓶，它很轻。我曾想象过爸爸治疗时会遭受静脉注射的折磨，会对着病床旁边的桶把五脏六腑都吐出来。但爸爸接受的治疗似乎要人性得多。我把小药瓶紧挨着女儿塞好，然后给她系上安全带。

苏珊和我就像战士运送物资一样，肩扛手拿，既要抱着儿童安全椅，还要协力推着七扭八歪的轮椅，因为它比超市坏了轮子的手推车还难用。爸爸抱着放在大腿上的行李袋。

爸爸费力挤进掀背式轿车时，难受地呻吟了一声。虽然他现在瘦削了许多，但块头依旧很大，帽子顶着车顶，膝盖卡在仪表板前不是那么好受。我们关车门时，他深吸了一口气，就像他要施展缩骨功一样。

这时，他又问道：

"妈妈在哪儿？"

# 谎言62:

## 我们认可了这件事，她应付得很好

妈妈已经从亲人离世的巨大悲痛中走了出来。她把爸爸安葬完，立好了尖顶的威斯特麦兰板岩墓碑，开始打包家里的东西。而我却还沉浸在一个需要我相信的谎言中无法自拔——爸爸是个值得信赖的人，其实接受这个也不难。妈妈给爸爸刻的墓志铭是"错误的修正者"。

爸爸的遗物放在书桌下，我们要装箱带去新家，最上面的特百惠塑料箱里装着软盘。我承诺把爸爸的每个电脑文件都检查一遍，以决定是否需要留存。文件夹里的信件多如牛毛，我实在没耐心一封封看下去，于是把软盘一张张扔向了屋子中间的黑色垃圾袋。

我无法全神贯注是因为心里有事。妈妈早晨告诉我，她烧掉了一些"罪证"——一张爸爸和一个女人的裸体合照，还有一封措辞露骨的信，上面贴着一张意大利邮票，爸爸把它放在了集邮册里。两周前，妈妈在诺福克宿营地和我聊起了那封信，一封我努力想忘掉的信。那张所谓的照片，或者说信，我一直没见过。想到这里，我愤恨地把一张软盘扔进垃圾袋。但我转念一想，怀疑这会不会是妈妈的臆想。爸爸经年累月地给我吹耳边风，说妈妈疑心重等等。久而久之妈妈说的话，我都是一笑了之，从未当真。

我见妈妈领着两个孩子和狗出去了，就趁机爬上阁楼，想看看能不能发现一些其他的什么。爸爸在最后工作的那所大学里所写的信件装了整整四个柳条箱。在翻阅一封封信件的过程中，我逐渐怒火中烧，对爸爸的信任开始摇摇欲坠，他喂我吃下的糖衣药丸的最外层糖衣逐渐化去，现在只剩下了苦涩。

　　我觉得装着往来书信的档案夹没什么意思，就没动。旁边有一个箱子引起了我的注意，里面的东西比较杂乱，活页纸和考试小册子杂乱无章地堆在一个空文件袋下面。里面还有他写的小说、几页日记和他自创的娱乐方程式的记录，这些东西就像噼里啪啦燃烧的小柴火一样，不停地拱着我刚才燃起的怒火。我坐在他 1999 年的书信上面，扫视着这些意外发现。他的周末娱乐规划如下：

> 下馆子；
> 演奏乐器；
> 游泳；
> 壁球；
> 性爱；
> 观光。

　　他把这个清单分为两列：娱乐和共同娱乐。在第一列中，他在游泳旁标注了"两小时"，在第二列中，他只写了"1"。所以不论他是自顾自地游泳、午间小憩还是聊天，我估计妈妈一定在家等得望眼欲穿，即使躺在休闲椅上，估计心也早就跑到爸爸那里去了。他们在沙滩上的七个小时里有五个小时在打壁球，她肯定从中感受不到什么乐趣，半数的午餐是在外面下馆子。游泳、壁球、吃饭每两项间隔十五分钟，他们会选择其中一个间隔做爱。他把他的"假期一百小时"转换为百分比，结果为：愉悦（共同）——12%；愉悦（自己）——7.5%。对于剩下的那 80.5%，他画了一个大大的问号。

　　赫瑞瓦特大学的测验本中还夹着几片横线纸残页，从这些零星的记录中我明显能嗅到种种悲戚，那是美好恋情的终结，是挖空心思写好但未寄出的信，还有未出口的话和纸张未能传递出的感受。

　　他在一篇充斥着避孕药和逃离的故事上做了批注，我快速地阅读着他的这些感想。这种感觉很不妙，我不知道还会读到些什么，可我并没有就此停下来。

这些不完整的故事中，有四页是用红色圆珠笔写的日记，从13日星期三到21日星期四。当时爸爸正因一件事而焦头烂额，具体是什么事他没写清楚，但这件事情涉及的人是我曾认识的孩子的家长们，他们在讨论如何做安排的问题，就像青年人以数周的时间来计划接下来的几个小时做什么一样。这就像做一个布丁，要对所有原材料进行搅拌，直到分不出你我他，而这次的原料换成了六个三十岁出头的人。最后一页上，除了谈及从酒桶倒到杯子里的家酿啤酒和生的鸡肉外，他写道："我们认可了我自3月30日起就和詹在一起了的这件事，她应付得很好。"

我不敢相信自己的眼睛，心想这一定是他写的小说。我搜寻着佐证我观点的句子和段落，心里祈祷着这不是他，一定不是他，而且这也不能算作证据。谈及不忠并不能被认为是发生性关系。

我跌跌撞撞下了阁楼，手里的四大页纸翻飞着。我需要确认一下。詹现在和她的第三任或第四任丈夫一起生活，很难找到，还不如联系蕾娜塔，就是那个用意大利邮票的德国女人。这样一来，妈妈所说的是真是假很容易见分晓。我已经能感受到那个被遗弃的情人的狂暴，这种报仇的快感想想都让人激动。我搜索出了她的邮箱，真的是天助我也。我用一种已经知道了他们之间的事的口吻写了邮件给她，想用谎言骗出真相。

邮件发出之后，我又拿着这四页纸反反复复读了好几遍。每读一次，我就愈发相信他们是清白的，但蕾娜塔的回复狠狠给了我一记耳光。虽然她对我的"痛苦"表示歉意，但她写道："我不愧疚。"她还告诉我他们那段感情维持了一年。之前那些捕风捉影的东西逐渐在现实中一一得到印证。爸爸总是痛斥妈妈听风就是雨、管得太宽、小题大做，但现在看来，爸爸对妈妈的控诉纯粹无稽之谈。妈妈的预感是对的，爸爸就是那个挨千刀的。

我重新读那个红色的句子："我们认可了我自3月30日起就和

詹在一起了的这件事，她应付得很好。"

　　一个花花公子的形象跃然纸上，这是我从不认识的父亲。爸爸终于沦为了小说里陈词滥调的那种衣冠禽兽。我们经常在小说中看到披着大学讲师外衣的色坯，他们与自己的学生和同事的妻子行苟且之事。小说会用一个烂大街的词来形容他们，那就是"骗子"。而爸爸能写出那样的话，又与小说中的他们有什么区别。

　　或者我也同他一样漏洞百出？我写的这些字，就像 F–U–C–K 这几个字母一样，当它们被连字符串在一起时，就让人失去了期待和愧疚。期待也好，愧疚也好，这些感受都是围绕着字母的空白区域展开的，当只剩下连字符时，这些感受也将连同字母一起消失。

# 谎言63：

## 他的睾丸一般

我下定决心要看看这个世界上爸爸仅存的那部分。他把大脑捐献给了格拉斯哥南方总院，以供多形性胶质母细胞瘤医学研究。肿瘤隐匿在他左耳上方的大脑皮层的褶皱中生长、肆虐，与神经突触交织在一起，绽放出有如谎言一般绚烂的花朵。

葛利格教授让我直接到五楼的神经病理学科，他曾负责将爸爸的大脑从脑干上切下。

电梯是那种老式的，双重门饱经风霜，门一开，木椅子浓浓的潮湿发霉的味道扑面而来。我走进葛利格教授的办公室后，他站起身来握了握我的手。随后我们面对面坐在桌子的一侧。

"它在哪儿？"

我本该想个更合理的问题，但一开口就说出了这个。

葛利格教授从椅子上站起来，出门到了另一个房间，回来时拿着一个白色的桶，桶不深，里面什么都没装着。

"我们把捐献来的器官储存在这里面。"

他告诉我大脑的密实度和果冻相当，非常难处理。它被固定在一个大桶里，等组织变硬后，爸爸留在世上唯一的部分被切成了十四片。

他侧身指指桌上我旁边摊开的小册子。

上面黑白色照片展示的是爸爸大脑的切片，它们从左至右有序地排列在上面。这样一片一片的要比一整个大脑看起来可爱一些，没有那么多堆叠起来的恶心皱褶。我再也憋不住那个很想问的问题了：

"我想知道为什么解剖时没有检验他的睾丸？我想知道把它们拿开是出于您作为一个男性对他的尊敬吗？"

葛利格教授茫然地看着我。

这一周内，这个问题就像是小虫子一样啃食着我的心。距离这天很久之后，另一个病理学医生和我解释说它们是"小玩意儿"，检不检一个样。通常制作人体标本时，睾丸要被戳到腹腔，如果要保留或是丢失了，一个高尔夫球会是不错的替代品。

当时没等到葛利格教授的回答，我又问了一遍我的问题：

"尸检报告中为什么没有睾丸的检测结果？"

葛利格教授坐不住了，起身从桌上拿起尸检报告，这种慌里慌张的情况还是今天下午头一次见。他仔细翻完后向我道歉，承认是自己的疏忽，问我是不是担心癌症扩散到了这里。

"不，我不是担心癌症，"我告诉他，"只是这看起来是一个明显的疏忽。"

"什么？"

葛利格教授的表情就像听瓦格纳的《尼伯龙根的指环》，而没看剧情简介一样。爸爸在整个婚姻期间，从未对妈妈忠贞过，这我都看在眼里、记在心里。最让我恼火的是，凭什么他的睾丸能完美避开尸检，不会像尸检结果中其他器官一样被鉴定为"一般"。

"我能把它带回家吗？"我问道。葛利格教授听到后惊了一下。

"捐赠的器官？"

"我想把它海葬了。"这个爱尔兰人才会有的想法已经冒出来不止一次了。把他的遗体从轮渡上扔进海里应该是个不错的选择。

葛利格教授说想把它带出楼，申请、表格、文件样样都不能少，申请资料摞起来估计得有两米高。

"你通不过安检的。"葛利格教授说道，因为大脑的密实度与塞姆汀塑胶炸药类似。

合上小册子后，葛利格教授说我可以在楼下的太平间小教堂看看爸爸捐赠的器官。电梯里，双重门如六角手风琴一般被拉上，他兴致勃勃地向另一位医生说：

"这位年轻的女士来问他父亲捐赠给科里的器官。"

葛利格教授做了一辈子的病理研究，还有一个月就要退休，但刚才的对话还有他的脸红让我感觉这是他第一次遇到这么难堪的事情。

到了小教堂，我们摇了摇门口的铃。殡仪工斯图尔特先生拄着手杖进入了我们的视野。葛利格教授介绍说他伤到了背。穿着白大褂和蓝色手术衣的斯图尔特先生冲我们点点头。

我们步入礼拜堂，葛利格教授怕我受不了，又问我是否真的要看。但目前来看，还没什么让我掉头跑的东西。

斯图尔特先生打开观察室的门。里面有一间小屋子，没有椅子，墙上有一块玻璃板，下面放着一张带轮的医疗床。它用白色亚麻布盖着，上面放着爸爸的脑子。

切片放在白色的托盘中排成三行。上面的标签被浸泡得模糊不清，有器官捐献者的名字、编号和死亡地点："道尔 AO30139：艾尔临终安养院"。

灰质和白质仿若两个邪恶的米色阴影，神经末梢呈现出树根一般的扇形。切片从小到大逐一排列，依次按前额部分到被切成小块的脑干软骨排列着。第七片上有个小洞，第八片的洞稍微大些，第九和第十片的边缘呈锯齿状。脑腔非常大。

他们等着我说些什么。我很难想象这是爸爸，但是从本质上来讲这就是爸爸，他现在仅存的这个样子像是在伪装他不是爸爸。

我问了一些关于脑腔和褪色的情况，但我已不在乎答案是什么了。

我知道我应该效仿葛利格教授保持公正。葛利格教授在给爸爸尸检后，既留存了健康的组织，也保留了患病的部分。他在面对肆虐的脑瘤时，依旧保持着客观公正，不偏不倚。

他接受了爸爸本来的样子。

# 谎言 64：

## 我是好人

回忆录千千万万种，但在评论家看来，只有好的和坏的回忆录之分。坏的回忆录使它们的作者赚得盆满钵满，比如作品中拥有"受害人情节"的戴夫·佩尔泽。他的《一个被称作"它"的孩子》连续荣登畅销榜四百四十八周。在我看来，不好的回忆录不是多愁善感就是天马行空、满篇谎话以博人眼球。任何回忆录作家（尤其是他们赚了很多钱的时候）都不应该卖惨，装出一副苦大仇深的样子。

那些为自己出书立传的人大多分为两个阵营：施虐狂和受虐狂。对于施虐狂，我们一定要给他们的回忆录扣上坏的帽子，他们毁了文学。

宽恕是回忆录的最高品格，很少有人达到这个境界。我读过一本探讨回忆录中苦难的伦理问题的书，里面有一章问道：我们该如何对待那些无法宽恕父母的自传者？

我们为什么不能听之任之呢？只是因为那些作者不能原谅父母，所以他们写出来的东西就真的不好吗？戴夫·佩尔泽不能与他的施虐者共情或许不是他能选择的。小时候被父母疏于照顾会使脑容量缩小。人类的大脑在我们刚出生的一两年就开始了突触修剪，它会剪除神经细胞的轴索、枝状突起和儿童早期未被充分利用的神经键。对于那些无法原谅父母的孩子来说，突触修剪剪短的是对父母的爱。因此，这类回忆录非但不是坏的自传，反而是自我最诚实，也是最"真实"的部分。

我是坏人吗？我问这个问题是打算说假话吗？还是单纯地想表明自己非常渴望被爱，很在意别人的看法？我不知道做好人是什么滋味，但我很想做个好人。所以在这个意义上，我是坏的，因为我已经承认自己还没放下，即便我没明言，你们也能从字里行间看出来。

除了宽恕，很多把自己代入回忆录无法自拔的读者会说背叛才是最不道德的。与忠诚相比，能否获得他人的理解就显得不那么重要了。我所写下的内容都是私人的，我所讲述的秘密都不是我的。事实上，对于道尔们来说，什么都不能凌驾于忠诚之上。在胁迫下替他人保守秘密，强迫父母和兄弟姐妹出演本不属于他们的故事，这二者的感受是一样的。我的兄弟们可能会有一种我把他们揪上台，强迫他们说些犯众怒的话的感觉。

我问过前文所提到的几个人物（没问埃德里安，而肖恩还没来得及）是否愿意对书中所提之事做出回应，薇奥莱特和艾德都拒绝了。可能这种开门见山的询问更容易让他们感到被冒犯。

他们确实会被冒犯。卡尔·奥韦·克瑙斯高的自传《我的奋斗》为他招致恐吓信、死亡威胁和官司。甚至一家书店的"K"[1] 区都受到迁怒而被烧毁了。他在《巴黎书评》上为自己辩解道："我对此深感抱歉，我没有预料到会出现这样的事情……读者们对人性的绝望导致了这样的结果。"无知不是我可以拿来用的借口，因为我早就预料到会有什么结果，我和他比起来要更坏。虽然我的家人不太可能会读，但我还是要祈祷他们不要读的好。

自从妈妈不能说话后，她慷慨又大度地在一张便条上给我写道："米兰达，你想写什么都可以，妈妈同意。"家里的所有人中，她最希望我能放下。

要想宽恕一个人，就必须彻底理解对方，这是我目前无法做到的。横亘在爸爸妈妈之间的欺骗让我无法参透他们的婚姻、做事动机甚至他们本身。我没有把能突显他们个性的思想、观点和感受写进来，囿于我自己对他们和自身的无知，我只能寄希望于你们拨开迷雾，见我所不能见。我之所以这么说，是因为在你我之间，也就是作者与读者之间的交流，才是回忆录见真章之处。

---

1　"k"为"knansgaard"（克瑙斯高）的首字母。

# 谎言 65：

## 只是个玩笑而已

几个月之前，我发现了那枚意大利邮票，爸爸的形象在我的心里一落千丈。几个月之后的现在，我领着两个孩子在他们的外祖母家度假。这是一个死气沉沉的海边小镇，从未让我感受到家的温暖，但沙滩的舒适惬意和妈妈对孩子们的爱逐渐让我放弃了抵触情绪。

妈妈搬到了一个适合老年人居住的地方，周围住的邻居还有比她老的，一片夕阳垂暮之景。虽然她只有六十岁，但她想把浴缸换成淋浴，卧室也要搬到楼下。她一直对我们到她这里度假而不是她跟着我们度假而耿耿于怀。她坦然地说她并不想给我们做饭。但她不想做饭这件事也只是一个幌子，它的背后是一个我们母女俩都无法释怀的谎言。

第三天，我发现妈妈一直是一副漫不经心的神情坐在爸爸那把丑陋无比的躺椅上。每次滑下来一些时，她就会向后使劲拉扶手，然后借力把自己往上拽，如此一来，她的脚就能架在椅子的搁脚板上。她脚上穿着条纹袜子，袜子上有一个洞，她把这个洞指给两岁的外孙女看。

"看，外祖母的袜子上有一个洞。"小家伙路还走不稳，跌跌撞撞跑过去研究起了这个洞。妈妈的大脚趾不时地动动，这彻底勾起了小家伙的好奇心。妈妈探身抽了几张白纸和一支红色毡头笔出来，并对小家伙说道："去给外祖母画只红色的大河马吧。"一会儿又冲着在另一个屋玩玩具火车的五岁外孙喊道："等你安装好了轨道，我可是要去视察的。"

我想知道她是不是一直都如此会照顾小孩，或者可能照顾幼年的我是一项过于艰难的事情。我自己当妈妈之后理解了做妈妈的辛苦。

见两个孩子有了忙的，她把涤棉袜子扭了扭，遮住了大脚趾。

"我们绝不能告诉男孩们。"

"男孩们？"

她一定是说我的兄弟们，但太晚了，三个我都已经告诉了。

"我的意思是说，如果他们问起来，你当然可以告诉他们，但前提一定是他们问你。"妈妈解释道。

这又是一个天主教式的谎言，不主动说实话，企图等它自然消解。这个伎俩一定是她从爸爸那里偷学来的。虽然看破了谎言，但我没拆穿，有一部分原因是我还没向她承认自己在背后发的那些不法邮件，还有偷偷翻她的通信簿的行为。我在找可能与爸爸发生性关系的女人。

妈妈在躺椅上上身坐直，镇定地说：

"这不是什么他们需要知道的事情。"

看来妈妈是知道那些女人的，估计她现在肠子都悔青了。

"所以你自己不知道？"我说道，"在发现意大利邮票之前你一直都不知道？"

她无动于衷地看着我。

"这是你知道的第一个？"我重复道，大概想表达的意思就是爸爸的情人很多。

"是。"妈妈起身，一边说一边站起来猛地抱起两岁的外孙女，小家伙手里拿着胡乱图画的河马。

妈妈的回答"是"不是谎话。我后来认识到，这个"是"是指蕾娜塔这个特例，而不是爸爸的乱交。

"那个，"她回过头来叫道，"我只有意大利面，要不配茶吃？"

妈妈跟在狗和外孙女身后去看搭好的火车轨道，完全无视了我。我在想，如果她之前不知道，怎么会对我的蠢念头毫无反应呢？

但我实在不知道怎么解释。在这段存疑的交流后的几个小时里，妈妈有了更重要的事情要处理。狗为了追一个球，把自己的背扭断了（不致命）。在这令人疲惫又烦躁的一周里，一封邮件来了。在过去，妈妈如果在我前面拿到明信片，她就会提前查看。现在我打开放在电脑桌面上的 Outlook 邮件程序也一样，虽然妈妈不用专门打开邮件去查看，但它就像明信片一样会自动展示上面的内容。妈妈看完邮件之后冲出自己的屋子，就像被袭击了一样。

发来这封邮件的不是我的朋友，而是另一位母亲。

我曾对朋友和熟人讲过许多我妈妈的坏话，她是我的冷笑话的一大题材。

卡洛琳发来的邮件的第一句是这样写的："你把你妈掐死了吗？"

"只是个笑话，"我和妈妈解释道，但内心的恐惧像马上要吞噬我，"大多数的女儿都会拿她们的妈妈开玩笑的。"

其他的母女之间确实如此，但我和妈妈的关系可容不得一星半点的玩笑。我们之间有太多裂痕。但我也知道最后这件事会风平浪静地过去。站在客厅里的我们都记得，妈妈在二三十岁的时候也在不停地抱怨自己的母亲。

或许是这件颇具讽刺意味的事，又或许是我们母女假装出来的亲密关系被戳破，又或许是我问的那些问题让她产生了被背叛的感觉，那天下午妈妈没有再说一句话，晚上也很早就睡了。

正如卡洛琳邮件里所说的那样，妈妈会被缓慢地扼死。

不到一年，妈妈去世了，就像被这封邮件杀死了一样。也是从那个晚上开始，她患了病的运动神经元开始无情地啃噬她的身体和灵魂。

# 谎言 66：

## 耶稣爱着我

妈妈的神经系统虽然已经开始全面溃败，但她最开始只注意到了自己的口齿不清。我应该也注意到了，但我不能先和她提。你们能看到，为此我深深地责备了自己。几周前，妈妈在聊天时让我别告诉"男孩子们"那些事，接下来的这几周里我们过得并不愉快，因为我不时翻出些陈芝麻烂谷子的事跟妈妈算旧账。首先是学校，我的日记记录了她漫不经心的答案：

"我觉得你就不该上阿伯乐豪斯，高登斯顿也一样。"

回答我问题的时候，她不一会儿就跑去照顾一下狗，或是接个教会小组的电话。要是实在躲不过，就开始以攻为守。

"把你送去学校让我得了神经衰弱！"

关于学校的话题进行不下去，于是我把火力转到爸爸身上。这次我采用了迂回的方式，我先向妈妈表示歉意，因为我一直相信爸爸，而不太相信她。

可即便我放低姿态去跟她道歉，她还是会转移注意力到其他地方，我绝望地继续进行着话题：

"你不用为爸爸的事感到羞辱或自责。处在同样的情况下，换了别人根本不会自责的。"

"为什么你就不能接受你的孩子有这样的外祖父呢？"她哭了出来，"为什么马蒂斯不在这里？"

直到那一刻我才意识到，在妈妈看来，我的丈夫和孩子是我唯一能拿得出手的，没有这段婚姻我就一无是处。她得病这几个月，死亡袭来，她才开始和我聊天。这些感悟应该是在她过世后，我慢慢琢磨出来的。世事难料，她病了，但还没确诊是什么病。一天早晨她打电话给我，传来阵阵啜泣声。

"我不会再相信你了，"她口齿含混地说道，"一句话都不。"

数月后，妈妈彻底失去了语言能力。肖恩问她和我关系是否还和睦，她用蓝色圆珠笔写道："关＋开。"

我不清楚妈妈的病情会发展到什么程度，之后就不再给她每日打电话和时常去看她了。我宽慰自己说起码还有狗和耶稣陪着她。在她生命的最后几个月里，她的脚趾都萎缩在了一起，声音也发不出来了。她可能会想，耶稣是不是也像我们一样原谅了她。估计她还会和自己开玩笑，纵然这一生过得如炼狱一般，但她将直达终点站——天堂。

但她为什么一直紧抱着她的信仰不撒手呢？临近终点的几周里，绝望从她的身体中渗出，她就要败给冷酷残忍的病魔了。耶稣就像湍急河流中的圆木，每次一抓到，就从手中滑脱。我们站在岸上，双手插在兜里，看着她在生命的河水里挣扎着被死亡带走。

# 谎言67：

## 不，她并不恶心

数周前，妈妈看到了那封询问掐死她没有的邮件，在此之后她除了口齿不清外，情绪也变得起伏不定，这在医学上叫情绪失禁。9月份她开始服用抗抑郁药物。很明显这是我一手造成的。

妈妈长期的情绪低落加剧了病情诊断的难度。医生推测她的症状是由过大的心理负担引起的。虽然在8月30日我第一次带妈妈看诊，那时已经得到通知说她身体内发生了不易察觉的病变，但到次年的2月诊断报告才下来。妈妈那段时间的日记简直不忍卒读。圣诞节的时候，她连上下车和解系安全带都需要有人帮忙。每天她都感觉自己"精疲力竭，惊愕难过"。哭泣也完全不受她自己控制，"站也站不稳"，嗓音"断断续续"，长时间重度眩晕。鲍曼医生在1月11日告诉她："这些药（指她吃的抗抑郁药）都有副作用，可有你受的。""我又感觉怒火中烧。"她写道，"没想到这些药把我吃成了这副人不人鬼不鬼的样子。"

妈妈希望那位全科医生能给她再好好看看，但暗无天日的病症最终压碎了她那渺茫的希望。

与此同时，她说话更不利索了，身体也难以保持平衡，开始摔跤。我一开始还坚持每天与她说话，但后来放弃了。她越来越离不开我，我开始认同医生的诊断，这叫临床绝望。

妈妈的医生顾问建议她给自己的孩子发邮件，同时还要求我们几个孩子列出为什么她是一位伟大的母亲的原因。我并不想告诉你们我当时对此的反应。我没有写邮件而是直接打了电话。虽然言辞间没明说，但在那一瞬我根本想不出她对我的抚育有什么伟大之处。我措辞或许生硬了一些，直截了当地问她到底想听我说什么。她难道看不出来这是逼着我们说她想听的话吗？后来我对此追悔莫及，说谎肯定要比实话更悦耳，也不会伤她的心。

2月，她被诊断为肌萎缩性脊髓侧索硬化症（渐冻人），简单来说就是运动神经元病。她听到后没有表现出恐慌，反而流露出一种解脱感，虽然那种感觉稍纵即逝，但我能感觉到她一颗悬着的心终于落下了。

2006年3月我去看了她，日记是这样记录的："最后一日。马蒂斯为她剪了脚指甲，那指甲厚得和驴的一样。我们把她的护肩抚平，帮她翻身，煮菜，打扫卫生，整理房屋。与此同时我在想——我还有精力再来看她吗？我能坚持下来吗？什么时候才能结束呢？"

妈妈逝世后，一个全科医生告诉我，医生治疗时会参考一本疾病大全，那本书厚如城墙，里面记录了各种慢性的、急性的疑难杂症。那个全科医生还说，唯独运动神经元疾病是每个临床医生最不愿面对的。

运动神经元疾病缓慢地扼死了妈妈，但它又是如此迅猛，就像熊熊大火烧过草地一样，经由神经肌肉通路烧向四方。短短数月，妈妈迅速衰弱下去，饲管、语音合成器、电轮椅全都用上了，晚上还要有人照顾她上厕所。很快，她的脚趾纷纷开始萎缩。最后几周，我们把她送到了临终安养院，她的房间再上去三层就是爸爸合眼的地方。那时候妈妈连呼吸都觉得困难。

我们上一次直面死亡的日子是爸爸过世，这次换成了妈妈。我们或坐在他们的床前，或站在咨询室的外面。大家静默无言，流露出温情与关切，就像在公交站等待坐车去领养老金的人一样。爸爸临终那段时间，会和其他来看望他的人说话，但渐渐不再理我们，可能是他觉得没必要在我们面前假装，或许他开始变得信任我们，觉得没必要和我们虚与委蛇。

整个 8 月我一直陪在妈妈身边，我发现自己是那么孤单无助。爸爸临终时妈妈和我都是探望者，而现在她从探望者变成了病人，她不能够继续陪在我身边了，在她最后的几天里，我独木难支。我希望这一切赶紧结束，她不再受非人的痛苦，自私一点说，是我自己撑不下去了。

"他们给她注射了很多镇静剂，就好像要麻痹一头大象似的。即使是睡着后，她的脸上也满是绝望。"我没有带马蒂斯和两个孩子来，我知道他们爱我，可我怕他们会因为我的绝望也变得不开心。妈妈肯定会对此表示失望，但我希望她能宽恕。

别人与妈妈告别时，她会睁开一只眼，那只眼睛睁得大大的，噙着泪水。她看着他们一个个离开，直到只剩下我和艾德。我们坐在那里数妈妈每两次呼吸之间的间隔，最大可以数到十七。"有时我们会放下手里写着的东西还有数独，只是抬起头安静地等着她的下一次呼吸。"

我和艾德都备受煎熬，恨不能立马钻进车里逃走。不过妈妈还在呼吸。

"今晚我对她说了再见，她那棕色迷离的虹膜又闪起了微光。她的手颤抖着摆了一个挥别的姿势。我的眼泪瞬间掉了下来。今天一天，眼泪怎么也停不下来。"

黎明时，她开始发出可怕的声音。不一会儿，短促的含混声演变成刺耳的呻吟。这时艾德从病房回到了家里人在的屋子。随后，呻吟声成了"令人嫌恶的汩汩声"。

"他们把她放平以加速这一进程。她的脸色像起了暴风的天空一样。她的每次呼吸间隔到了二十秒。二十五秒的时候，她嘴里流出了黏液泡。医院牧师诵读祈祷文时，鼻涕泡和绿色的眼泪流下了她的面颊。"

我尝试着拿纸巾为她擦去下巴上的黏液，但黏液渗过纸巾糊得到处都是。没过多久，她嘴里的黏液就聚成了一个小池子。我手里抓着黏糊糊的纸巾退出了房间，小跑向家人们在的地方。窗帘拉开了，窗外是清亮的夏日早晨。艾德正注视着他的电脑，听到我进来的声音，他抬起了头。"她死了。"我告诉艾德之后，走进了卫生间。

我把手里里外外洗了很多遍才走出卫生间，艾德已经打好包要离开了。我们在防火门边看到妈妈的遗体被推走后，两个人扛着书包又回到了病房，把她病床旁告示牌上的东西都撕了下来，把橱柜里的东西也全部清空放进了塑料袋中。不到二十分钟，我们已经坐进了车里，那种解脱感就像《毕业生》结尾部分的公交车场景一样。我和艾德两人相对无言。

出镇的路上，我们到了丧葬承办人那里，他之前为爸爸操办了后事。很快我们就敲定了丧宴、供花的细节，还签署了公墓的一些文件。他拿出棺椁目录让我们选时，我们异口同声回复道：

"和上次一样。"

两天后我的女儿问我：

"外祖母去世的时候很恶心吗？"

我在日记里写道，当听到女儿这个问题时我想拿睡衣和睡裤来转移话题，她却脱口而出：

"告诉我真相。"

## 谎言 68：

### 便利贴是公正的

"我们怎么分遗产？"埃德里安问道。

有人建议用便利贴。

便利贴应该是我和三个兄弟坐在一起玩的最后一个游戏了。妈妈曾在邓加维尔房屋拆迁中心做志愿者，所以经常会有孩子和难民来家里。于是她专门为他们立了一个艺术柜，里面放着不少便利贴。

埃德里安开始往他想要的东西上贴便利贴。

"有人一起来吗？"他问道。他的绿色圆形便利贴已经随处可见。

艾德拿了几个不同的去贴。肖恩和我离开了房间。我们没心情玩。

第二天早晨，我们把妈妈下葬后，都奔向了南边。

几周后，我的兄弟们居然让我去收拾屋子。我分明没有在妈妈的屋子里贴便利贴分走想要的东西，而且我又是唯一带着两个幼童的人，他们也好意思让我去，可能因为我是女儿吧。我花了两个周末才清理完，东西太多了，一个周末根本清理不完。我去打扫的那两个周末肖恩都曾来帮忙，并且不是为了分东西来的。第一个周末我提早到了一天，为的是赶在肖恩之前多整理一些。肖恩是消防员，工作繁忙，来这里一趟实属不易，每次都来去匆匆。

我打包分拣着妈妈的东西。留宿的那天晚上，我让家里的灯都亮着，那夜我基本上没睡着，一直清醒着。肖恩早晨来的时候，我已经把起居室、两间卧室和卫生间都整理好了，我把她的物品分成了三类：捐赠慈善机构的、贴了便利贴的和垃圾。

肖恩一进门，就把地上的物品蹚了个乱七八糟。除了贴了便利贴的家具外，他把其他的东西和垃圾都塞进了车子的后备厢，他要拉去康宁商店卖掉。最后一趟往外搬东西时，他站在门廊把妈妈外套的每个口袋都摸了一遍，之后开车把东西拉走了。

从康宁商店回来后，肖恩跟着我在家里四处查看：

"你想让我帮你做点什么？"

我让他从书房打包些信纸架和纸盒带走。

"可它们让这里更有家的味道。"

"好，那暖房里的贝壳呢？要不扔了？"

肖恩给了我相同的回答。

"肖恩，现在唯一没动的就是厨房了。"

"我来负责车库。"

我半小时后去他那里验收成果时，发现他已经开着车走了。我在回程飞机上的日记中写道："那是一种无法用语言形容的精疲力竭和恐慌。"

第二个周末，斯坦斯特德机场起了雾，我去迟了，肖恩虽然没到家，但是已经在镇上了。皮克福德搬运公司的货车一会儿就要来拉埃德里安的家具，留给我收拾的时间满打满算也就两小时，而且厨房还没清理干净。

我到后不久，爸爸那边的一个叔父和一个姑母也来了。

"多好的东西啊。"叔父理查德走在去车库的路上自言自语道，"质量上乘。"

不一会儿，三位教会里的姐妹也来了，她们见我在打扫厨房，随即挽起了袖子帮我一起打扫，真的是雪中送炭，解了我的燃眉之急。

我们整理时，叔父理查德越过我们的肩膀看里面有什么东西。他看到是平底锅、花盆、电话、灯具之类的就走开了。之后我瞟到他一只胳膊夹着防风帐，另一只抱着一个铜咖啡壶，正往他的车里搬。那辆福特福克斯里也不知装了多少东西，压得底盘都快要贴地了。一会儿，我又看到他使出了吃奶的劲儿想把一个大松木箱塞进车里，但没成功。

"你不能便宜了康宁，"叔父扭过头来冲我叫道，然后顺手将箱子扔在路边草坪上那堆贴了便利贴的东西里，"你拿去吧。"

我懒得解释，也没动那个松木箱。

到五点时，房子终于空了，皮克福德搬运公司的货车也装好了车，亲戚们也载着自己的战利品向东走了。我站在空荡荡荒凉的屋子里，就好像被抢劫了一般。

在航站楼等飞机时，我给埃德里安发了条信息，他当时正等着收货。

"运送的东西里多出来一件，"我写道，"我有空时去取。"

"真的吗？"他回复道，"那一定是我的便利贴掉了。你如果不是特想要的话，我就据为己有了。"

"虽然我不是'特想要'，但你不能拿。"

"既然这样，"他回复道，"运这件东西到我这儿的费用得你出，四十一点六二英镑，要支票。"

埃德里安从小到大就是这种不把事情弄大不罢休的主。我后来才知道，把事态升级是赢的关键。、

我不想再输了，于是给埃德里安电邮了一张我屡次向北飞到妈妈那里照顾她，去世后整理屋子的机票账单。

"那件东西我已经捐给乐施会了。"他回复道。

"所有家具仍归遗嘱执行人所有。所以未经每位受益人充分认可，你无权处置任何东西。"我说谎了，"我联系了律师。"

埃德里安最后回我时明显有很大的火气。

"你这是在侮辱我，"他写道，"也太霸道了，我再也不想见到你。"

两周后我去取箱子，在往南到布赖顿的路上，我赫然看见它孤零零地被扔在了一个草坪上。典型的报复。

# 谎言69:

## 我不太会做这个

我不记得爸爸对妈妈说过那句最普通的话——它由几个很重要的发音组成，"我"和"你"，中间夹着"爱"。但我不记得不代表他没说过。

对不起——这句构筑良好关系不可或缺的话，爸爸可是从未说过。

埃德里安给我来了一封信，这是我想都不敢想的。他的这一举动让我想起了一种令人尴尬的道歉窘境。我们十年都没说话了，当我看到他的签名时，我脱口而出说了一句脏话。我最不想听的就是他的道歉。

不过他不是真心实意来道歉，他手写道："我天生不会退步和屈服。"

我告诉自己，他这样写道歉信永远无法得到我的原谅。

我小的时候因为不愿说对不起，没少惹妈妈生气。我完全可以理解妈妈的心情。爸爸从不说对不起或许是因为他不觉得自己有什么做错的。在他看来，和别的女人上床不是需要道歉的事。

后来死不认错成了家里大家开玩笑用的梗。我们用它来戏弄爸爸，他会咯咯地笑，但绝不会让"对不起"这个词从他嘴里说出。说出口，就相当于有把柄落在了别人手中。

《欧洲社会心理学期刊》上的一篇论文指出，人们道歉后会在心理上感觉好受，但拒绝道歉却能给死不认账的人更大的快感。这让他们自我感觉拥有更大的权力和操控力，在向他人叙述不道歉的事情时，他们反而会出现极强的正直感。

自恋者为了逃避道歉，会采取转移注意力的策略——用礼物代替道歉，或者将道歉的意思糅进自我辩解的说教中。更有甚者会在言语上大肆鞭挞自己，说自己多么多么不是东西，好与受害者比惨。

《欺骗的百科全书》在"不忠"这部分提到：如果对方出轨后，感情还是没有终结，那么被欺骗的一方不是同谋就是从犯。妈妈发现爸爸出轨之后采用了一种迂回的手段，以避免爸爸不道歉带来的难堪——可重复使用的道歉卡。爸爸只需在道歉卡上签下名字和日期即可，写下的日期就代表他要对那日的事情表示忏悔。道歉卡写好后放在妈妈桌上就好。

妈妈死后，我发现了她与爸爸沆瀣一气的证据。妈妈生前，我们母女之间一直无法和谐相处，我一直以为那是因为我无法容忍她对爸爸的出轨睁一只眼闭一只眼，但道歉卡的出现表明，妈妈一直在自欺欺人，她一直假装她不曾和爸爸同谋共犯。

现在回想起来，我们母女之间的欺骗掳掠走了我们关系中的真心相待。她总是央求我对她诚实，我也确实努力对她真诚，当然偶尔也有不诚实的时候。我从不像父亲，期望她变成什么样的人。我一直以为纵然我们之间的交流有谎言，但起码是敞开心扉的，是真诚的。

在妈妈的床下，也就是她和爸爸同床共枕的地方，我发现了可重复利用道歉卡、一个信封，还有一张道歉条目。

道歉卡开头写着："约翰："接着是用蓝色毡头笔写的："可重复利用卡！"下面是妈妈用黑色圆珠笔写的："+又一次"，以及爸爸手写的"&回来了"，妈妈的"绝对"（拼写错误），再然后是"7月——茉琳，我怕后面没地方写了，就拿铅笔写在右边了！"再下面是妈妈写的两个日期。

封面上画着一只脸色绯红的卡通老鼠，它说道："我很懊悔、后悔、自惭形秽，简直追悔莫及、没脸见人，我要忏悔、自我谴责，我在这里向你道歉……让我们一起面对它吧……"卡片里面是："……我感到抱歉。"但这些都是卡片制造商印刷的文字，除此之外没有其他的内容了。

同时我还发现了一叠情人节贺卡，贺卡里的多情和甜蜜我倒是没预料到。有一张卡片上面画着两只鸟。

"你爱我吗？"一只问道。

"当然啦。"

"那就说出来。"

"我爱你。"

"含情脉脉一些。"

"我爱爱爱——你。"

"大点声。"

"我爱你，我爱你，我爱你，我爱你。"

在这只嘴巴抹了蜜的小鸟下面空了一小块，另一只小鸟悄声问道：

"你保证吗？"

同样，卡上没有其他手写的字，但在两只小鸟一来一回对话的最后，有一句 2002 年写的话。那一年爸爸去世。他因为癌症的病痛写出来的字歪歪扭扭："谢谢你为我做的一切。"

在这些卡片下的塑料钱包里，印着一段打印出来的完整布道词。20 世纪 90 年代，爸爸在苏格兰全境的讲道坛上诵读着它，传播着婚姻带来的幸福。每周日，他都会告诉会众，他已经意识到"生活中不能没有彼此"。

# 谎言 70：

## 总说真话

"I"是一个脆弱的字母，除了必须添在名词前的不定冠词"a"之外，"I"（我）是英语里最短的单词。"I"放在句子里看起来瘦弱又不起眼，但它能给人一种力量。在小写的"me""he"和"she"的映衬下，大写的"I"会发出一种呜咽声，即便写在纸上，也会像一只海鸥不停地尖叫着。

心理学家罗伯特·库兹班认为这条竖线，这个最短的单词，其实是一个谎言。我们不可能拥有统一的自我，因为我们的思想是模块化的。这些模块具有独特的生物过程和功能特化，所以它们必然是彼此隔离的。大脑运行起来就像政府机构，其下设备部门之间钩心斗角，互不通气，如此这般何谈精确。真相也会随之坠入信息的藩篱之间。

"在描述真实的东西时……我们的大脑会很灵光"，例如走在路上的我们能感觉出车的速度，也能感知火是烫的，等等。但在社交场合，我们的大脑会自我放纵，从而降低准确度，我们也会变得不那么诚实。

不过我们会有意识地控制自我不放松警惕。伦敦大学的研究人员发现，人类最高贵的品质之一就是诚实。在另一项研究中，研究人员告诉志愿者，只要说谎，就能拿到钱。虽然周围都是陌生人，但大部分人都选择了说实话。当筹码加到二十美元时，情况发生了变化，但还是有人坚持不说谎。很多研究都暗合了这几个发现，为了诚实，人类甘愿牺牲自己的经济利益。但是保持正直和说谎惠己一直处于天平两端，相互权衡较量。对大多数人来说，欺骗至爱之人的代价过于高昂了。

谎言需要编造，真相只需索回。大脑很懒，倾向于不费力的活动，所以说谎成了备选项。

所以妈妈在生命最后的日子里不再编造谎言，脱口而出皆是真相，这要归咎于认知负荷，也就是说她的大脑疲累了，支持不了说谎了（或许她会说这是耶稣的功劳）。但她没认识到，谎话说着说着圆不下去要勒令自己闭口以免说漏嘴时，才是最消耗脑力的。

说谎者最常见的转变是一个出轨的丈夫浪子回头想坦白从宽。很多人认为他们是为了一己私欲才这么做，羞耻心和自责压得他们无法喘息，只有说出来才能得到释放。但这种坦诚无异于将本已受伤的另一方推下悬崖，任其爆发或毁灭。《当好人有了外遇时》的作者米拉·柯珊保强烈反对出轨的丈夫向妻子坦白，即便被逼到墙角也不能吐露半个字。她认为这不是好与坏的问题，而是诚实与伤害孰轻孰重的问题。避免对他人造成二次伤害比开诚布公要更具道德意义。

妈妈可能没想到她的诚实是锥心的。对我来说，痛苦不痛苦倒在其次，关键是她的话像一记拳头，直接砸在了我过去的记忆上。妈妈过去的话变成了谎言，也让我对自己的回忆产生了怀疑。自我都是由记忆构成的，没了可以信赖的记忆，我们还会是我们吗？

但把自己记忆的崩塌怪到妈妈头上真的公允吗？要怪还是得怪自己。翻看日记时，我发现我的记忆是有选择性的。妈妈之前曾尝试对我讲实话。1983 年 12 月，那年我十五岁，我在日记里写道："妈妈认为爸爸出轨了一个我们在科孚见过的女人。"

但那时候，我脑子里塞满了其他更紧迫的事情，比如要怎么在寄宿学校里再生活三年。妈妈当时告诉我后，我脑海里只有一个想法：为什么她要告诉我？我在苏格兰，离她十万八千里，我又做不了什么。我索性把它"忘"了。

或者说是库兹班的模块化思想（我的有裂缝的"I"）考虑到便

利性的问题，将那个信息隔离或埋葬了？库兹班认为组成人类大脑的认知子系统如同"马基雅维利式的舆论导向专家"，自我就像新闻发言人一样，在不清楚政府的决策是如何做出来的情况下，要根据有限的信息强行把它们解释出来。当我们解释自己的言行时，会有很大的可能进行自欺。欺骗会神不知鬼不觉地从后门溜入。

因此我必须要道歉。在不可靠的记忆、自欺、累累谎言和库兹班割裂的自我的蚕食下，我的叙述只能尽全力最大限度地还原事情真相。实际上，我们的一位主角在阅读时大笑道：

"你这不是闹着玩吗，事也不对，人也不对。"

# 谎言71：

## 我得杀几个人才行

倒数第二个谎言讲什么？这个给肖恩吧。

这是一个悬念。

肖恩在希思罗机场值完夜班直接到了我这儿。我们两个一起去吃了午餐，虽然爸爸已经去世十年，但我和肖恩两个人凑在一起时，话题总绕不过爸爸。对于爸爸，我们两个的看法基本相近。我不得不承认，肖恩以前的日子，要比我难过得多。

我们的谈话或许聊到了埃德里安，但我可以肯定我们聊过艾德，我们从不讲艾德的坏话。

饭后我们例行到了科斯塔。肖恩很喜欢那里。

回到家时，两个孩子仍没放学，我们就站在窗前等。外面有一只松鼠在挖花圃，不一会儿，它又刨开了草坪。

"我在家布置了一个松鼠捕捉器。"肖恩打破沉默，"它们爱吃花生酱。"

另一只松鼠在篱笆柱之间左躲右闪着。

"捕鼠器会杀死它们吗？"

"不会，"他说道，"但我捉到松鼠后会把它们扔到楼下室友那里，他会拿气枪收拾它们。我自己不想动手。"他盯着花园说道。

这时，我那个十二岁的孩子拖着书包像往常一样进了屋。不一会儿，十五岁的那个也踢踢踏踏地回来了。他冲我们点点头，顺便把抽屉里的饼干都拿走了。

肖恩没等外甥来到桌前，就站起身来蹦跳着，像拳击台上的一个拳击手。肖恩假装展示一些武术动作，轻巧地闪转腾挪到外甥身旁，给他在厨房的地板上来了个锁喉，并叫道：

"看你现在怎么办？你动弹不了了，"他边说边勒了勒胳膊，"你的小命在我手里。"

两个人在混乱打闹中，一只木勺断了，东西也砸在地上碎了。

最后，小伙子挣扎着站了起来，肖恩也弹回桌旁。

"周二的时候，从我的公寓能听到布罗德穆尔精神病院的报警试验。我就在想，那才是人生该有的模样，没房租、没忧虑，只有一个监狱号子般的病房。我得杀几个人才行。"他十二岁的外甥女脸上流露出的表情应该和我差不多。

"杀十个就差不多了，我已经有名单了，"他看着我说道，"埃德里安是头一个，不过米尔，你别怕，估计还轮不到你，我就被送进去了。在名单里你排得很靠后。"

# 谎言 72：

## 全心全意，我敬奉你

　　我的手稿迟交了一周。拖稿是作者的通病，虽然谁也不想这样，但很无奈，我们也是人，也要洗洗涮涮，逛阿斯达[1]时同样人山人海，排队时遇到硬要和你聊天的也得嬉皮笑脸地应付。

　　我需要转移下注意力，因为自从昨天告诉了艾德和肖恩我在写什么，我的胃就一直疼。截稿日期逐渐逼近，我却在楼梯下狭小的卫生间里翻腾着贝壳。卫生间厕纸旁的小盘子里盛着专门打磨过的小巧精致的海贝壳。它们配上香气扑鼻的珠子串在一根绳子上，这应该是妈妈自制的百香盘。我在犹豫要不要把它们直接扔掉。它们还会散发香味吗？还是摆在那里吸土的？马桶刷了，地板拖了，我想再做些别的以驱散胃疼，也在逃避要继续写东西这件事。

　　不行，胃还在翻搅，我想找个方法让这里更好闻些。我在百香盘里划拉着鸟蛤和蛾螺，突然，有个什么东西闪了一下。

　　那不是贝壳。

　　我从卫生间逃了出来，恨不能离那个盘子十万八千里远。

　　那一刻，本该有无数的小精灵在我耳边窃窃私语，但我只感觉是一个小捣蛋鬼在同我开玩笑。

　　在百香盘里我发现了一枚金戒指，细细的一圈，指头大小。我坐下来，眯着眼想看清里面刻着的字母，但实在认不出来。

　　代表永恒？

---

1　英国连锁超市，1999 年被沃尔玛收购。

如果这是妈妈的婚戒（最好别是），那它不是应该在棺材里吗？我不记得有人从她手上摘下来啊。要是有人问我要不要取下来的话，我一定会要求把它和她葬在一起。

可如果是她的婚戒，那为什么我们没人注意到她把它遗弃在这里了？难道是运动神经元疾病让她身体严重缩水，戒指尺寸变大，她怕丢，所以就摘下来了？摘下来是保全它的一种方式，这说得过去。可为什么要和贝壳混在一起，还放在窗沿上？坐着轮椅，她是够不到的。

我和肖恩清空房子的那个周末我还提议让他扔了这些贝壳。这一定是肖恩把这个留给我的原因，认定我不会大大咧咧直接把它们扔掉。

我又端详起这枚戒指。

当这枚戒指第一次滑过指关节亲吻到皮肤时，爸爸妈妈说了什么？以彼此为荣？珍视对方？有没有说忠诚、忠贞和宽恕彼此的所有？

我的女儿过来问我："什么时候吃午饭？"我还没回过神，坐在刚才的地方。她本来要帮我去拿我的眼镜，但我让她帮我念了上面刻的字：

约翰 ∞ 茉琳 23.7.66

我的父母在婚姻中随性恣意，在我拖稿的这一周里，在我最没想到的地方，却发现了他们对彼此的真心，以及一辈子同甘共苦的证据。

# 后记

　　埃德里安在不知情的情况下收到了手稿，他没有动怒，而是慷慨地回赠了我他记忆里的故事。读过之后，我心情沉重到无以复加的地步。

　　我的妈妈在我五岁那年就去世了。她临去世前几天的那段记忆我铭刻肺腑，从黎明到黄昏，小小的我一直被困在幼儿园中，周围的大人们不愿认真听我讲话，也不让我去见她最后一面。爸爸打死也不让我去医院看她，但我还是偷偷去了。我永远也忘不了她躺在床上不停地安慰我的情形。那是我最后一次见到她。

　　我没有时间悲伤，我要活下去。在达特福德和爱丁堡之间的无数次驾车过程中，我都要保证爸爸是醒着的。我站在他驾驶的名爵汽车里，紧盯着他，绝不能让他睡着。

　　爸爸从不告诉我关于妈妈的一切，不管我怎么软磨硬泡，都不能使他松口。他甚至不告诉我她的墓地在哪里。

　　妈妈的故去把我抛在了一个冷漠、愤怒又充满暴力的成人世界里。祖母总是散发着一股老年人的体臭，对我冷若冰霜，漠不关心。爸爸堪比一座活火山，熊熊的怒火就是翻滚的岩浆，一遇到事情就会爆发，转化为对外界的暴力。后来爸爸娶了茉琳，对我来说，茉琳也是一个怒气冲天的大人，只不过穿了裙子。我无处可逃。

　　所以我躲进了自己的小天地。你说我有一种疏离感，这种说法不能说不对，但还是不太准确。我缩回了自己的世界，与伊妮德·布莱顿[1]和粗制滥造的儿童小说为伴。我变得茕茕孑立，形影相吊，不想与任何人接触。从妈妈住进医院到她去世，再到我青春期，再没人爱我，所有人都将我视作丧家之犬。当然，也不怪别人，这是我自己选的。

你和艾德降生后，我为你们换尿布，读睡前故事，一口口喂你们吃饭。虽然看着你们长大，可我从未与你们心连心。你们看似很容易就能得到宠爱，可事实恰恰相反，你们也缺爱。

你出世时，爸爸不再像个愣头青，动不动就暴跳如雷，整个人已经柔和了许多。即使你做了和我一样的错事，也可以免于责罚，而我之前却要遭受毒打。我对此常常感到"愤愤不平"。后来想想也是，这世上哪里来的公平呢。

老话说得好，江山易改，本性难移。爸爸是温和了，但骨子里还是一个暴君，脾气大、暴力、喜怒无常。生活就像剥洋葱，你永远不知道哪层会让你泪流满面。我永远不清楚什么时候我会以何种方式触怒龙颜——一个词，拿橘子酱时没请示，或是包书皮的方式不对，这些统统都有可能。

为此我干脆躲在外边，吃饭时再进去，让他眼不见心不烦。你那篇写地毯被烧的章节就是我五岁到十七岁人生的真实写照。然后我开始反抗，他依旧暴力镇压。不过随着我年纪越来越大，个子越来越高，我的反抗渐渐奏效，他再也不能恐吓我。

毒打不是恐吓。打我没关系，随便打，但他的行为让我胆战心惊，心里总得绷着一根弦。有一次踢球我把棚子的窗踢碎了，我到他那里承认了错误，领了罚（只想快快了结），他在那里大声嘲笑我。我没把书皮包好（小孩子都会失误），他居然打我打到木勺子（顺手抄起来的）都断了。

好在我的脑子灵光，不然非被他打死不可。后来我普通等级考试全部拿了 A，那次爸爸和妈妈同时对着我笑了，那是头一次，也

---

1　英国儿童文学作家。

是唯一一次。当你和肖恩怎么都学不会时，爸爸就会痛打你们，希望能把知识打进你们的榆木脑袋里。每当这时我就坐在楼梯上试图通过心灵感应的方式给你们传答案。我很想进去制止他，但我没那份勇气。我本可以辅导你们那些内容，但我依旧没有勇气。我把自己关在自己想象的城堡中，任何人都不信任，日久经年，那座城堡就吊桥高悬，甚至向每一个靠近的人挂起一块牌子——请勿靠近。那时我六岁或七岁。

我现在过得不错，无意再去回忆往事。死死固守执念又有何意义？它们就是一坨屎，别再恶心自己了。也不是只有我们才会遇到这样的父母。我活下来了，也一直在努力抚平自己所受的创伤。生活不是过去，也不是未来，而是当下。

# 致谢

感谢安娜·韦伯儿和米琪·安吉尔，是你们给了我信心与信任。此书能由你们来编辑，我感到非常荣幸。也要感谢费伯出版社其他同仁的体贴和耐心：艾米·弗朗西斯、萨曼莎·马修斯、埃莉诺·里斯和卡米拉·斯莫尔伍德。感谢唐娜·佩恩为我设计的封面，它完美地诠释了书里的文字世界。

谢谢我的兄弟们。你们慷慨大度，值得我敬佩，你们提供的素材很惊艳。我的感激之情溢于言表。

谢谢我的好友拉奎尔·贝洛、弗罗拉·富兰克林、维多利亚·伊扎特和詹妮弗·乌瓦罗夫，感谢你们允许我把你们写进这本绝望的书里。

感谢我的第一读者比·威尔逊和安娜贝尔·李，你们的回应一字千金。要是没有你们，我可能就钻进那些鸡毛蒜皮的小谎里出不来了。

感谢尼克·巴勒克拉夫和托尼·葛因，是你们每周都陪着我写作，与你们一起工作总是过程愉悦又成效斐然。

感谢凯特·罗兹，是你无私的支持与信任让我完成此书。感谢安德里亚·波特，是你在短短几天里把它读了两次，还边读边赞赏道："一针见血。"还谢谢你提供的扑克筹码的点子。感谢萨里·芬恩，你坦诚和共情的评价使得内容更加完善。感谢玛拉基·麦金托什，是你赋予了我提交书稿的勇气。感谢简·门次泽，是你伴着我完成了写作。

感谢我亲爱的朋友凯瑟琳·戴维斯、迪伦·巴那斯、马克·利迪亚德，是你们与我分享了自己对不忠的看法。感谢我在库扎里德和米斯卡实验室的同事，是你们耐心地做了古尔/萨克凯姆的羞愧测试题。感谢克里夫·西蒙兹为我揭示了大学图书馆红色条板箱的秘密。感谢帕梅拉·布拉德肖为我挤出时间和她的纸巾。

感谢诺曼在过去二十七年来做我的朋友，以及作为利斯地区老年人的代表和朱迪·埃金顿一起与我聊过去的事情。

感谢艾玛和霍利·霍奇森、芭芭拉和斯图尔特·米切尔、尼古拉·阿姆斯特朗和凡妮·斯特伐那科，谢谢你们的信任与慷慨。

感谢布莱克·莫里森、莫拉·杜利，是你们给我留下了在伦敦大学金史密斯学院两年的难忘回忆。谢谢萨里·克莱恩，是你让我大开眼界，知道什么是自传欺诈。

感谢英格兰艺术委员会对我的垂青，在多年前我还是个门外汉胡写乱编的时候就把我视为一名作家。

感谢马克·汤普森向我普及了隐私权法，让我敬畏上帝。

最后，感谢马蒂斯，你是我最忠实的读者和最知心的朋友。谢谢你与我共赴余生，就像妈妈说的那样，你就是我的全部。我想对两个孩子说，我保证永远不会再像这本书一样把你们写进书里消费你们。

# 参考文献[1]

引言：

William Maxwell, *So Long, See You Tomorrow*, London: Harvill Press (1980).


## 谎言 2：我正在说谎

超过 25%：

The Innocence Project, *False Confessions or Admissions*.

大脑越大：

Byrne, R. W., and Corp, N., 'Neocortex size predicts deception rates in primates', *Proceedings of the Royal Society: Biological Sciences* 271, 1549 (2004), 1693–9.

平均每个人：

Meyer, P., *Liespotting: Proven Techniques to Detect Deception*, Macmillan: St Martin's Press (2011).

女人说谎大多为了取悦与自己说话的人：

Feldman, R.S., Forrest, J. A., and Happ, B. R., 'Self-presentation and Verbal Deception: Do Self-presenters Lie More?', *Basic and Applied Social Psychology* 24 (2002), 163–70.

大脑结构会发生异常：

Yang, Y., Raine, A., Narr, K., Lencz, T., LaCasse, L., Colletti, P., and Toga, A., 'Localisation of Increased Prefrontal White Matter in Pathological Liars', *Psychiatry: Interpersonal and Biological Processes* 190 (2007), 174–5.

---

1　为方便读者查询，本章提及的书名均保留了英文原名。

"破绽"：

Ekman, P., and Friesen, W. V., 'Nonverbal Leakage and Clues to Deception', *Psychiatry: Interpersonal and Biological Processes* 32, 1 (1969), 88–106.

2009 年的一项研究：

Porter, S., ten Brinke, L., and Wilson, K., 'Crime Profiles and Conditional Release Performance of Psychopathic and Non-psychopathic Sexual Offenders', *Legal and Criminological Psychology* 14, 1 (2009), 109–118.

一百一十人：

Kelly, A., and Wang, L., *A Life without Lies: How Living Honestly Can Affect Health*, APA 120th Annual Convention, Orlando, Florida, USA (2012), 32.

说谎的人也更容易察觉到别人在说谎：

Wright, G. R. T., Berry, C. J., and Bird, G., 'Deceptively Simple . . . The "Deception-general" Ability and the Need to Put the Liar under the Spotlight', *Frontiers in Neuroscience* (2013), doi: 10.3389/fnins.2013.00152.

"史诗级的傲慢蠢货"：

Rawlinson, K., 'Boris Johnson: Tony Blair Is an "Epic Tosser" for Warning against EU Vote', *Guardian*, 12 April 2015.

## 谎言 7：回忆录不是小说

不讲道义：

Hardwig, J., 'Autobiography, Biography and Narrative Ethics' in H. Lindemann Nelson (ed.), *Stories and their Limits: Narrative Approaches to Bioethics*, London: Routledge (1998).

"要不就是在描述……"：

Genzlinger, N., 'The Problem with Memoirs', *New York Times*, 28 January 2011.

四分之一的被试者相信了：

Loftus, E., 'Creating False Memories', *Scientific American* 277, 3 (1997), 70–5.

## 谎言 10：他娶得好

真实性格：

Canossa, A., El-Nasr, M. S., Colvin, R., North Eastern University, Virtual Personality Assessment Laboratory (V-PAL), http://www.northeastern. edu/games/virtual- personality-assessment-laboratory-v-pal/.

黑暗的房间：

Barnes, C. M., et al., 'Morning People are Less Ethical at Night', *Harvard Business Review*, 23 June 2014.

更气派的车：

Konnikova, M., 'Inside the Cheater's Mind', *New Yorker*, 31 April 2013.

声誉良好的孩子：

Fu, G., et al., 'Young Children with a Positive Reputation to Maintain are Less Likely to Cheat', *Developmental Science* (2015), doi. 10.1111/ desc.12304.

回击：

Carey, B., 'The Psychology of Cheating', *New York Times*, 16 April 2011.

## 谎言 11：快看看你信箱里的礼物吧

精神病态人格测试表：

Schroeder, M. L., Schroeder, K. G., and Hare, R. D., 'Generalizability of a Checklist for Assessment of Psychopathy', *Journal of Consulting and Clinical Psychology* 51, 4 (August 1983), 511–6.

## 谎言 13：我是最不受待见的

不是发生的事情本身：

Rowe, D., 'The Sibling Bond', *Psychologies*, April 2007.

53%：

Conley, D., *The Pecking Order: A Bold New Look at How Family and Society Determine Who We Become*, New York: Vintage (2005).

哲学家清楚地界定了什么是真相：

Bok, S., *Lying: Moral Choice in Public and Private Life*, London: Harvester Press Ltd (1978).

有十条是意见不统一的：

Sheen, M., et al., 'Disputes over Memory Ownership: What Memories Are Disputed', *Genes, Brain and Behavior* 5 (2006) (Suppl. 1), 9–13.

多萝西·罗威：

Rowe, D., *My Dearest Enemy, My Dangerous Friend: Making and Breaking Sibling Bonds*, London: Routledge (2007), 66.

## 谎言17：我找不到妈妈了

不自主地亲近：

Harlow, H. F., 'The Nature of Love', *American Psychologist* 13 (1958), 673–85.

## 谎言18：他会拿着好大一把剪刀，把你的拇指切掉

57%：

'Infidelity Statistics' (sources: Associated Press, *Journal of Marital and Family Therapy*).

和盘托出：

Molloy, C. 'Dublin Abuse Report Asks: "When Is a Lie Not a Lie?"', *National Catholic Reporter*, 1 December 2009.

## 谎言21：我没偷看"巴尼"

控制膀胱：

Wong, S., 'The Lies We Tell Are More Convincing When We

Need to Pee'. *New Scientist*, 19 September 2015.

巴尼：

Evans, A. D., et al., 'When All the Signs Point to You: Lies Told in the Face of Evidence'. *Developmental Psychology* 47, 1 (January 2011), 39–49.

多萝西·罗威：

Rowe, D., *Why We Lie*, London: Fourth Estate (2010), 50.

丢的那只鞋：

Fu, G., et al., 'Children Trust People Who Lie to Benefit Others', *Journal for Experimental Child Psychology* 128 (January 2015), 127–39.

## 谎言 26：我是你父亲

处在紧张状态下的动物：

Gapp, K., et al., 'Implication of Sperm RNAs in Transgenerational Inheritance of the Effects of Early Trauma in Mice', *Nature Neuroscience* 17 (2014), 667–9.

幸存者后代的基因：

Yehuda, R., et al., 'Influences of Maternal and Paternal PTSD on Epigenetic Regulation of the Glucocorticoid Receptor Gene in Holocaust Survivor Offspring', *American Journal of Psychiatry* 1, 8 (2014), 872–80.

对男性的影响要远大于女性：

Frederick, D. A., and Fales, M. R., 'Upset over Sexual vs Emotional Infidelity among Gay, Lesbian, Bisexual and Heterosexual Adults', *Archives of Sexual Behavior* (2014).

"邪恶的"：

Warnock, M., *Making Babies: Is There a Right to Have Children?*, Oxford: Oxford University Press (2002).

存在相关性：

Slepian, M. L., Masicampo, E. J., Toosi, N. R., and Ambady, N., 'The Physical Burdens of Secrecy', *Journal of Experimental Psychology: General* 141, 4 (2012), 619–24.

## 谎言 29：为了孩子，我们别分开了

超过 44%：

Review Legal, 'Top Five Causes of Divorce and Separation in UK', 12 December 2015, http://www.reviewlegal. co.uk/about-separation-and-divorce/top-5-causes-of-divorce- and-separation.

生女儿和离婚之间也有相关性：

Hamoudi, A., and Nobles, J., 'Do Daughters Really Cause Divorce? Stress, Pregnancy and Family Composition', *Demography* 41, 4 (2014), 1423–49.

大多数夫妻不离婚的理由：

'Divorce Study Shows Couples Are Unhappy, But Too Scared to Split', *Huffington Post*, 18 July 2013.

## 谎言 31：我给忘了

克莱夫·韦尔林：

Sacks, O., 'Abyss', *New Yorker*, 24 September 2007.

一篇文献：

Reardon, S., 'Drugs Help to Clear Traumatic Memories', *Nature* (2014), doi:10.1038/nature.2014.14534.

杀敌一千自损八百：

Ackerman, S., '41 Men Targeted But 1, 147 People Killed: US Drone Strikes – the Facts on the Ground', *Guardian*, 14 November 2014.

"我们靠忘却活着"：

Borges, J. L., 'Funes, the Memorious', *La Nación* (1942).

"源源不断地涌现出来，好像脱缰的野马根本不受控制，它们会自动地浮现出来"：

Parker, E. S., Cahill, L., and McGaugh, J. L., 'A Case of Unusual Autobiographical Remembering', *Neurocase* 12, 1 (2006), 35–49.

"彻底的遗忘"：

Roediger, H., Weinstein, Y., and Agarwal, P. K., 'Forgetting: Preliminary Considerations' in S. Della Salla (ed.), *Forgetting*, Hove: Psychology Press (2010).

## 谎言36：我从未享受过排泄时的快感

自欺：

Levine, T. R. (ed.), *Encyclopedia of Deception*, Los Angeles: Sage (2014).

94%：

Trivers, R., *Deceit and Self Deception*, London: Penguin Books (2011).

自我陌生化：

*Stanford Encyclopedia of Philosophy*(2012).

两种相互矛盾的信念：

RadioLab, 'Lying to Ourselves', 16 October 2015.

被临床诊断为抑郁症：

Leslie, I., *Born Liars*, London: Quercus (2011), 202.

你曾想过强奸他人或被他人强奸吗？：

Gur, R. C., and Sackeim, H. A., 'Self-deception: A Concept in Search of a Phenomenon', *Journal of Personality and Social Psychology* 37 (1979), 147–69.

乔安娜·史塔列克：

Starek, J. E., and Keating, C. F., 'Self-Deception and Its Relationship to Success in Competition', *Basic and Applied Social Psychology* 12, 2 (1991).

"我深深地担忧……"：

*Confessions of Saint Augustine*, trans. Edward B. Pusey, Oxford: J. H. Parker (1853), Book Ten, Chapter XXXVII.

## 谎言 42：这特别不合适

"位置细胞"：

Moser, E. I., et al., 'Place Cells, Grid Cells, and the Brain's Representation System', *Annual Review of Neuroscience* 31 (2008), 69–89, doi: 10.1146/annurev.neuro.31.061307.090723.

"精神旅行"：

The Nobel Prize, 'Scientific Background: The Brain's Navigational Place and Grid Cell System', (2014).

伦敦的士司机：

Carr, N., 'Think Smarter with Nicholas Carr: Welcome to Nowheresville', The Penguin Blog (2015).

二百二十五位被告人：

Loftus, E., *How Reliable Is Your Memory*? TED talk, June 2013.

## 谎言 44：这种事不会发生在我孩子身上

夸大其词的广告语：

Eisenstein, C., 'The Ubiquitous Matrix of Lies', 7 May 2007.

70%：

'Donald Trump's file', accessed 7 November 2016. (70 per cent is the total of statements deemed 'mostly false' (19 per cent), 'false' (34 per cent) and 'pants on fire' (17 per cent) on Politifact's scorecard for Trump.)

住进精神病院：

Schaverien, J., 'Boarding School Syndrome: Broken Attachments – a Hidden Trauma', *British Journal of Psychiatry* 27, 2 (2011), 138–55.

不想品尝被孤立后的滋味：

Duffell, N., *The Making of Them*, London: Lone Arrow Press (2010).

兰诺克学校：

'School may face lawsuit over sex attack', Scotsman, 9 September 2002.

六十二所重点独立学校：

Levy, A., 'Teachers at Dozens of Leading Public Schools, Including Eton and Marlborough, implicated in Child Sex Abuse Cases', *Mail Online*, 20 January 2014.

解雇了一位下载虐童照片的数学老师：

Hull, Liz, 'Boarding School Teacher Escapes Jail for Child Porn . . .', *Mail Online*, 10 February 2014.

性侵指控：

Renton, A., 'Rape, Child Abuse and Prince Charles's Former School', *Observer*, 12 April 2015.

"想不出"：

Tickle, L., 'Britain's Elite Boarding Schools Are Facing an Explosion of Abuse Allegations', *News week*, 1 September 2014.

## 谎言 46：耶稣已为你做出最好的选择

自己的故事：

McAdams, D. P., 'The Psychology of Life Stories', *Review of General Psychology* 5, 2 (2001), 100–22.

"首席虚构人物"：

Dennett, D., 'The Self as the Centre of Narrative Gravity' in F. Kessel et al. (eds). *Self and Consciousness: Multiple Perspectives*, Hillsdale NJ: Erbam (1992).

## 谎言 49：我活该

"控方总是被要求……"：

Rights of Women, *From Court to Report* (2014).

福尔克纳勋爵：

HL Deb 31 March 2003 vol 646 cc1048-110 Hansard.

定罪率提高了：

the conviction rate in 2001–2, according to Lord Falconer in the Lords debate, was 5.8 per cent of recorded allegations and 45 per cent of those charged (ibid.); in 2015–16 it was 7.5 per cent of recorded allegations and 57.9 per cent of those charged (Dodd, Vikram, and Bengtsson, Helena, 'Reported Rapes in England and Wales Double in Four Years').

26%：

'Police Fail to Record One in Five Crimes Reported to Them, Says Report', 16 November 2014.

## 谎言 55：真没那么糟

大的药片：

Leslie, I., *Born Liars: Why We Can't Live without Deceit*, London: Quercus (2011).

93%：

Howick, J., et al., 'Placebo Use in the UK: Results of a National Survey of Primary Care Practitioners' (2013), PLoS One, doi:10.1371/journal. pone.0058247.

二百名肠易激综合征患者：

Feinberg, C., 'The Placebo Phenomenon', *Harvard Magazine*, January–February 2013.

七岁的孩子们：

Lee, K., et al., 'White Lie-telling in Children for Politeness Purposes', *International Journal of Behavioral Development* 31, 1 (2007), 1–11.

## 谎言 60：让我告诉你一个秘密

秘密既是压在心头的负担又是别人不懂的窃喜：

Foster, C. A., et al., 'Are Secret Relationships Hot, Then Not?', *Journal of Social Psychology* 150, 6 (2010), 668–88.

埋葬掉本来的自己：
Krauss Whitbourne, S., 'Why We Keep Secrets from Our Partners', *Psychology Today,* 10 June 2014.

处在疾病晚期的人们：
Hardwig, J., 'Autobiography, Biography and Narrative Ethics' in H. Lindemann Nelson (ed.), *Stories and Their Limits: Narrative Approaches to Bioethics*, London: Routledge (1997), 54.

## 谎言64：我是好人

"受害人情节"：
Kellaway, K., 'No Pain, No Gain', *Observer*, 15 February 2004.

两个阵营：
Douglas, K., *Contesting Childhood: Autobiography, Trauma and Memory*, London: Rutgers University Press (2011), 146–8.

我们该如何对待那些无法宽恕父母的自传者：
Howes, C., 'Afterword' in Paul John Eakin (ed.), *The Ethics of Life Writing*, London: Cornell University Press (2005), 245.

突触修剪：
Nelson, C. A., Bos, K., Gunnar, M. R. and Sonuga-Barke, E. J. S. , V. *The Neurobiological Toll of Early Human Deprivation.* Monographs of the Society for Research in Child Development, 76: 127–46 (2011). doi:10.1111/j.1540-5834.2011.00630.x

"我对此深感抱歉"：
Barron, J., 'Completely without Dignity: An Interview with Karl Ove Knausgaard', *Paris Review*, 26 December 2013.

## 谎言69：我不太会做这个

一篇论文：
Okimoto, G., Wenzel, M., and Hedrick, K., 'Refusing to Apologise Can

Have Psychological Benefits', *European Journal of Social Psychology* 43, 1 (2012), doi: 10.1002/ejsp.1901.

## 谎言 70：总说真话

罗伯特·库兹班认为：

Kurzban, R., and Aktipis, C. A., 'Modularity and the Social Mind: Are Psychologists Too Self-ish?', *Personality and Social Psychology Review* 11, 2 (2007), 131–49.

人类最高贵的品质之一就是诚实：

'Being Human: Honesty, Respect and Tolerance', School of Advanced Study: University of London (October 2014), http://www.sas.ac.uk/about-us/news/being-human- honesty-respect-and-tolerance.

在另一项研究中：

Zhu, L., et al., 'Damage to Dorsolateral Prefrontal Cortex Affects Tradeoffs between Honesty and Self-interest', *Nature Neuroscience* 17 (2014), 1319–21.

不能吐露半个字：

Kirshenbaum, M., *When Good People Have Affairs: Inside the Hearts and Minds of People in Two Relationships*, New York: St Martin's Press (2009).

自我都是由记忆构成的：

Apter, T., *The Sister Knot: Why We Fight, Why We're Jealous and Why We'll Love Each Other No Matter What,* London: W. W. Norton & Co. (2008).